伝わる！修造トーク

一瞬で心をつかむ「話し方」60のルール

松岡修造 著
SHUZO MATSUOKA

はじめに

みなさん、人からこう言われた経験はありませんか？

「あなたの話は意味がまったくわからない」

「いったい何が言いたいの？　もっと整理して話してよ」

「で、結論は何？」

人前で話すのが苦手、会議やプレゼンで極度に緊張する、言葉足らずで思いがうまく伝わらない……。そんな悩みを抱えてはいませんか？

このすべてにあてはまるのが、じつは僕自身、松岡修造だったのです。

もともと僕は、人とコミュニケーションをとるのが苦手でした。人前で話さなければならないときなどは、指先が凍りつくほど緊張し、数日前から憂鬱《ゆううつ》でしかたがない、というありさまだったんです。

そんな自分がキャスターの仕事をしたり、こうして「話し方」をテーマにした本まで出版するなんて、思ってもみませんでした。人生、何が起きるかわかりません。

経済報道番組でメインキャスターを務めていた妻からは、

「あなたの話には主語、述語がない！」

と言われ続け、子供たちからは、

「パパ、結局どういうこと?」

などと突っ込まれてばかり……。

テレビや講演会、テニス合宿などでは僕ならではの尻切れトンボ節炸裂で、「修造ワールド」などと揶揄《やゆ》されるほど。正直、僕の話し方はテストでいえば赤点状態。よく現在の仕事を続けさせてもらっているなと、自分でも不思議に思うことがしばしばです。

ただ、一つだけ自負していることがあります。

僕は小さい頃から、テニスの才能がないと言われ続けても、なんとか自分なりにうまくなってやろうと努力をしてきました。それと同じように、〝トーク〟ということについても自分なりに工夫を重ねて、「少しずつでも進歩してきた！」と実感できてているのです。

今では、**自分の思いを伝えることに喜びを見出せるようになり、いろいろな方の思いを多くの人たちに伝える**ことが、僕にとっての生き甲斐《がい》となっています。

この本は、僕なりに試行錯誤しながら身につけてきた「話し方・聞き方」の工夫を60項目にまとめたものです。読んでいただく前に、みなさんにお伝えしたいことがあります。

僕は語りのプロではありません。ましてや、人に指導するなんてとんでもないことです。

だからこの本は、一般の「話し方」の本とは違います。

修造流の話し方・聞き方に、みなさんそれぞれの工夫を加え、〝自分にしかできないトーク〟を見つけ出していただければ、と思っています。


あれほど人前で話をすることが苦手だった僕も、今では自分の思いを表現することに大きな喜びを感じるようになりました。

それと同じように、この本を手にとってくださったみなさんが、この本をきっかけとして、人とのコミュニケーションをスムーズで楽しいものにしていただければ嬉しいです。

そして何より、人を理解することを通して自分自身の深みに出逢い、それによって人生をより豊かにすることに少しでも繋がれば、僕にとってこの上ない幸せです。

自分の思いを伝え、人の思いを感じること――。**それは言葉のテクニックの問題ではなく、新しい自分との出逢い**にほかならないのです。

大丈夫！　必ずできる！　僕が最後まで応援し続けます！

では、修造ワールドへようこそ！

松岡修造

目次

CHAPTER.2 LISTEN

聞く

相手の本音を引き出す極意

CHAPTER.3 PRESENTATION

プレゼン

人前で話すのが苦手なあなたに

CHAPTER.4

もっと！

コミュニケーションを深めるプラスアルファ

MORE!

CHAPTER.5

わかりあう

心をぶつければ、自分も相手も変わる

UNDERSTAND

伝える

「感じる心」があれば
会話はうまくいく

CHAPTER.1

COMMUNICATE

1 話し方の基本は5W1H、プラス100万F！

説明するより感想を伝える

人前で話をするときの基本として、僕は二つのことを心がけています。

一つは、「みんなを感動させてやろう」とか「相手にこう思わせてやろう」と考えないこと。人の心を動かそうとするよりも、**「自分の心がどれだけ動いたか」**を伝えることが大事だと思っているからです。

話すとき、書くときには「５Ｗ１Ｈ」を明確にするのが基本だと言われます。

Ｗｈｏ（誰が）、Ｗｈａｔ（何を）、Ｗｈｅｎ（いつ）、Ｗｈｅｒｅ（どこで）、

Why（なぜ）、How（どのように）したのかをはっきりさせるということですが、**僕はこれに「F（Feel：自分がどう感じたか）」をプラスしています。**

「5W1H、プラス100万F」と言っていいくらい、僕にとって「自分がどう感じたか」は重要な要素。うまい喋りができなくても、とにかく自分が感じたことを率直に話そうという気持ちを前面に出していけば、言いたいことの意味は伝わるはずだとポジティブに考えています。

「感想」が人の心を動かす

もう一つの基本は、自分の言葉で話すことです。

いつもみんなをあっと言わせるようなオチを用意している人や、誰も使わないような形容詞を駆使して喋る人が、必ずしも良い語り手であるとは限りません。それが自分の言葉として自然に言えているなら問題はありませんが、どこかで覚えてきたようなオチや美辞麗句だと自分の言葉になっていないので、聞き手の心には届かないでしょう。

逆に、話の展開や使う言葉は平凡でも、「あの人の話は味がある」と好意的に受け止められることはよくありますよね。自分が感じたことを自分の言葉で一所懸命に伝えようとする気持ちが、その人の個性として周囲にしっかり伝わるからだと思います。

会話は学校のテストと違うのですから、「これをやったら減点」というものは一つもありません。あなた自身が感じたことをあなた自身の言葉で話せれば、「自分の話にいっさい問題はない」と思ってＯＫです！

2

僕が「VTRをご覧ください」と言わない理由

紋切型フレーズをやめてみる

テレビのように不特定多数の人に向かって話すときには、普段以上に自分の感覚を大事にしています。

試合の実況では、「現場で何が起きているか」を正確に伝えることも大事ですが、それ以上に「現場にいる僕が何を感じるか」にポイントを置き、現場でしか感じ取れない空気感を伝えるようにしています。

スポーツ解説では、自分の見方や考えをはっきり表明することが求められるので、「〜ですよね？」と誰かに確認するような言い方は極力避けます。ただ、一つの事象をみんながいろいろな方向から分析する場合は、すべて決めつけのように言うのは良くないので、「僕はこう思います。みなさんはどう感じますか？」と問いかけ型にしています。

台本をいただいたときは参考にしますが、そこに書かれたとおり話すことはほとんどありません。作家さんには申し訳ないのですが、台本を丸暗記しても松岡修造らしい話し方はできないでしょうし、本当の自分からものすごく離れてしまう可能性もあるからです。

アスリートの近況などを伝える場合は、「それでは○○選手のＶＴＲをご覧ください」という話し方が一つのパターンのようになっていますが、僕はこのフレーズを使いません。

「ご覧ください」は丁寧な言葉ではありますが、こう言ってしまうと、視聴者との心の距離がものすごく遠くなってしまうような気がするからです。おそらく視聴者も、僕がそういう言い方をしたら「ぜんぜん松岡修造らしくない。面白くないな」と感じるでしょう。

僕がよく使うフレーズは、**「○○選手の思いを、一緒に感じてください」**。

できるだけ視聴者と同じ目線でアスリートにインタビューし、そこで自分が感じたことを視聴者と共有したいので、「一緒に感じてください」は本心からの言葉です。テレビを観ている人たちも、このほうが松岡修造らしいと感じてくれるでしょう。

ビジネスシーンでもプレゼンテーション、商談、面接、スピーチなどに一定の話し方のパターンというのがあると思いますが、そこに自分の感覚を盛り込むことで、より印象的で共感を得やすい話になるはずです。

「この部分で俺の感じたことを100パーセント出せば、インパクトのある話になるだろう」

「こういう例を出せば、私の思いをわかってもらえるんじゃないかな」

と、いろいろ工夫をするところに、〝自分流トーク〟を作り上げていく面白さもあるように思います。

3

「くいしん坊！万才」のために準備した〝表現集ノート〟は捨てました

感想を準備してはいけない

僕は2000年からフジテレビの「くいしん坊！　万才」のリポーターを務め、全国津々浦々の郷土料理や名物料理、特産物を求めて旅しています。プロテニスプレーヤーとして活動した13年間よりも、「くいしん坊」としての歳月のほうが長くなりました。

初めの頃は、「おいしさを上手に表現しなくちゃいけない」と気合が入り、プレッシャーも大変なものでした。ロケで紹介する食材について詳しく調べ、その食材の味を表現する言葉をびっしり書いたノートを参考にしてコメントしたこともあります。

けれど、映像を見て「やめときゃよかった」と思いました。**食べる前から決めているコメントほど、つまらないものはありません**。ロケでいただく料理はどれもおいしいのに、当時の僕は「おいしい」を感じるよりも「何を言おうか」ばかり考えていたのです。

その後、何度かロケを経験するうちに、「自然のままが一番。食べて感じたことを素直に表現すればいいんだ」と気付きました。

以来、この仕事はノンストレス、ゼロプレッシャー。

手を抜いて気楽にやっているとい

眉間に皺を寄せて全身で感じる

う意味ではありません。食や人との出会いを本気で楽しめるようになったんです。それが長く続いている理由かもしれません。

この番組で僕は、食べるときに目を閉じて眉間《みけん》に皺《しわ》を寄せます。**味わいや歯ごたえ、季節感、作ってくださった方の思いを全身で感じたいからです**。そして、

「こんな本気料理は初めてです。食べると元気がわいてくる感じがします」

「食感が魚じゃなくて、これはもうお肉ですね。すごい弾力！　あ、でもやっぱり魚だ。噛《か》めば噛むほど魚のうまみがどんどん出てくる！」

「まいった！　出会えたこと、ありがとう！」

と、僕なりの表現で伝えます。型にはまった言葉で話を綺麗にまとめようとすればするほど、自分の気持ちが伝わらなくなるような気がするので、みんながよく使う言葉はなるべく使わず、そのとき感じた正直な心の声を言葉にしています。

なかなか感想が出てこなくて、「言葉になりません」「不思議な料理ですね」

などと言うこともあります。料理の専門家の反応とはまるで違いますが、視聴者は「本気で感じようとしてるんだな」と受け取ってくれているのではないかと思います。

4

何百回と食べた吉野家でも毎回違いを探す

全力で感じる

普段の食事でも、「一人くいしん坊」をしています。そのときのポイントは、**なんとなく食べないことと、食べた感想をその場で言うこと**です。

たとえば吉野家に行くときは、「とりあえず牛丼でいいか」ではなく「今日は吉野家の牛丼を食べるぞ！」と気合を充満させて店に入ります。

ちなみに、僕は子供の頃から吉野家が大好き。小学校5年から高校1年までテニスの練習帰りに、いつも兄と一緒に吉野家に入っていたので、とても親しみがあるんです。

注文するのはいつも牛丼の「並」でした。これは今も同じで、牛丼屋でもラーメン屋でも「大盛り」は頼みません。**「並」はその店の力量を示すベースであり、具とつり合う量として最適のはずだと思っているから**です。もっと食べたいときには、もう一度「並」を注文するか、違う種類の「並」を頼むようにしています。

一人で牛丼を食べながら、「赤身と脂身がほどよく混ざり合ったこのお肉！」「タマネギ本来の甘みと食感がたまりません！」などと言っています。もちろん、他のお客さんの迷惑になるといけないので声には出しませんが。

ときには、「今日のタマネギの煮方はやや足りないぞ」「丼の出し方がいつもより威勢いいぞ。これこそ僕らの吉野家だ！」などと心の中で呟《つぶや》き、新たな発見を楽しみながら食べることもあります。

吉野家に限らず、ファストフード店には作り方や出し方のマニュアルがありますが、お店の人の体調やメンタルは毎日違うでしょうし、僕自身の状態も違うので、**絶対に同じ味にはならない**と思います。毎日、どこかが少し違う。その違いを感じることが僕にとっては新鮮で、吉野家を楽しむ一つの食べ方になっています。

自分にとって最高の条件で食べたときの最高のおいしさと出会いたいので、

「今日は最高の吉野家に出会えるだろうか」

と毎回、期待で胸がワクワクします。

「普通の気持ちでこの店に来てないぞ」と本気で料理に向かうことは、感性を磨くトレーニングになります。「前に食べたときと別の感じがした。それはなぜだろう？」と考えることは、ものごとを比較する力をつけるのに有効です。料理に対する感想を心の中で次々と言葉にすることは、自分の思いを表現する良い練習になります。

みなさんもぜひ、試してみてください。

ただし、その感想が「やばい、いけてる、ハンパない」のような感覚的なものでは、人の心には伝わりません。

誰にでも理解できる言葉で表現するのは意外と難しいものですが、意識して練習を続けるうちに、少しずつできるようになりますよ。

修造流
吉野家での食べ方

1 店がベースとして考えている「並」を頼む

2 その日だけの違いを探す

5

「絶対に勝てないと思ってました！」ストレートな言葉の力

本音をぶつけて本音を引き出す

「自分の心の声」とは、どんなものでしょうか。

たとえば僕は、優勝したアスリートに対して「この試合に勝つのは絶対に無理だと思ってました」と、ストレートに言うことがあります。その選手の調子が悪くて、「今回は厳しいだろうな」と僕自身が思っていたからです。

視聴者は、「優勝した選手にそんなこと言っていいの!?」と驚くでしょう。

だからこそ、「この話はいったいどうなっちゃうんだろう？」と興味を持って聞こうとするわけです。

「そうだよな、この前の試合は結果が悪かったし。それなのに勝つなんて本当にすごい。どれだけ頑張ったんだろう」

と感じてもらえれば、その選手は視聴者にとってものすごく身近な存在になってきます。

ただ、「絶対に無理」は超マイナス言葉なので、言い方には気をつけています。まず「おめでとうございます！」で始めて、そのあと「じつは、申し訳ないんですけど」と必ず前置きをします。この前置きのニュアンスが大事です。

そのあと「僕は正直、絶対に無理だと思ってました」と話を向けると、アスリートは本音を言いやすくなるようで、

「じつは自分もそう思ってました。あれだけ不安要素があったので」

「正直な話、一度はあきらめかけたんですよ」

「その苦しさをどうクリアしたかというと……」

と、いつもなら言わないような話、つまり本当の心の声を引き出せるケース

が、とても多いのです。

2013年夏の世界水泳男子400メートル個人メドレーで瀬戸大也《だいや》さんが金メダルを獲得したときも、僕は試合後のインタビューで「おめでとうございます！」のあと、「正直、厳しいと思ってました」と話を向けました。

個人メドレーで日本選手が優勝したのは、世界選手権・オリンピックを通じて初の快挙。けれど試合前は、前年のロンドンオリンピック同種目の銅メダリスト・萩野公介《はぎのこうすけ》さんが勝つと、僕を含めた誰もが思っていたからです。

瀬戸さんからは、こんな超ポジティブな言葉が返ってきました。

「周りもみんなそうだったと思います。でも僕は、公介君が頑張っているのを見て、絶対あいつにだけは負けたくない、自分はできるって思ってました」

瀬戸さんと萩野さんは同い年。二人が出会ったのは小学生のときでした。瀬戸さんにとって当時の萩野さんは雲の上の存在だったそうですが、その後、ライバルと言われるまでに急成長。しかし、2012年4月のロンドンオリンピック選考会では、萩野さんが優勝してオリンピックへの切符をつかんだ一方で、瀬戸さんは3位で代表落選と明暗を分け、一時はどん底までメンタルが低下したそうです。

けれど、ロンドンでの萩野さんの活躍を目にして、「よし、やってやる！」と再びエンジンがかかった。人が変わったかのように練習を始めた瀬戸さんは、オリンピックから2か月後の岐阜国体400m個人メドレー決勝で萩野さんと直接対決し、抜きつ抜かれつのレースを展開。ラストの自由形で抜け出して優勝を果たしていました。

世界水泳での超ポジティブ発言は、「切磋琢磨《せっさたくま》する最高のライバル、世界で戦う心強い仲間」という物語が背景にある深い話でした。もしも僕が「絶対に勝つと信じてました」と言っていたら、瀬戸さんとしては「ありがとうございます。頑張りました」としか答えようがなく、話はそこで終わり、あの素晴らしい言葉は出てこなかったかもしれません。

自分の心の声を正直にぶつけていけば、相手も心の声を返してくれて、より深い話を引き出しやすくなるのです。

6

歩いていて感じたことを、30秒の話にしてその場で喋る

どこでもできる伝え方の練習

伝える力を磨くために、僕が日ごろからやっていることがあります。

あらゆる出来事を、30秒のスピーチにまとめるのです。

新しく買ったもの、耳に入ってきたほかの人たちの会話、街で見かけたおかしな看板……それこそ、ありとあらゆるものが題材です。

これを頭の中で30秒のスピーチに組み立てるのですが、そのとき意識することが二つあります。

「話の軸は何か」と、「オチはどうなるか」です。

ごく簡単なことですが、この「脳内30秒スピーチ」に、伝えるために必要なすべてが揃っていると僕は思っています。この二つがしっかりしていれば、たいていの話はまとまりますし、聞いている人が「えっ?」と興味を持ってくれるような話し方のイメージもしだいにわかってきます。

この練習は、普段の生活で歩きながらできます。面白い標識などを見つけたら、「これについて30秒で話そう、次は20秒でやってみよう」と徐々に時間を短くしていくのもいいでしょう。ちなみに僕は、いつも歩きながら何かしら話のテーマを考えていて、一人で笑ったり、相手がいないのにブツブツ喋っていることがよくあります。

さらに応用編もあります。電車やタクシーに乗っているわずかな時間に、

「ここでAさんとBさんが出会ったら」

「ここで何か事件が起きたら」

「パーティでいきなりスピーチを頼まれたら」

と、いろいろなシチュエーションを想定して、30秒前後で話す練習もやっているのです。

これは仕事上も大きなプラスになります。会議やミーティングで自分の考えを話す時間がなかなか与えられないようなときでも、15秒ほどの隙間に意見を言うチャンスはあるでしょう?

そのとき、思いだけが先行して何を言っているのかさっぱりわからないのでは、あまりにももったいない。仕事上の損失です。短時間でまとまりよく核心を伝える練習を日頃からしていれば、そんなわずかな隙間のチャンスを活かせるようになります。

30秒スピーチで
「話の軸」と「オチ」を考える

7

映画のメイキングDVDは「捨てる力」の宝庫！

「このシーン、カットするか!?」から学ぶ

短時間でまとまりよく話すには、「捨てる力」も大切です。

その意味で僕にとってよかったのは、現役を退いて最初にたずさわったスポーツ番組の中で、VTRが終わってスタジオで自分の感想を30〜40秒程度、一人で話すというコーナーを持ったことです。

スタッフに相談せず一人で話の内容や言葉のチョイスを考えていた僕は、的確に自分の感想を言うにはどうすればいいか、かなり悩みました。40秒はとても短い。話したいことは山ほどあるけれど、欲張ってあれもこれも喋ろうとしたら話にまとまりがなくなり、言いたいことが何も伝わりません。焦るような思いだけで伝えようとすれば、何も残らないどころか、誤解を生んでしまいかねません。

そこで、初めに考えた話の内容ではだいたい2分あるものから、「この話はいらない」「これもカットしよう」と捨てていき、最終的に40秒にまとめることにしました。こう言うと簡単そうですが、実際には大変な作業です。でも、**捨てる作業がどれだけ大変か身をもって知ったこの時期に、僕は喋りに関していちばん成長できた**ような気がします。

僕にとって捨てる作業で大きなヒントになっているのは、映画のメイキングDVDです。映画は僕の楽しみの一つで、メイキングものもよく観ます。『もののけ姫』のメイキングDVDは7時間もありました。「生きろ」というキャッチフレーズができるまでに途方もない時間がかかったこと、カッコいい言葉にしようとするほどインパクトがなくなってしまうこと、シンプルな言葉のほうが作り手の気持ちが伝わることなどがわかり、一つの作品が完成するのにどれだけ多くの人の協力が必要なのかも学べました。

大好きな『スターウォーズ』のメイキングは、

「このシーンだけで何億円もかかっているはずなのに、それをカットするか？」

と思いながら観ました。

けれど、そのシーンを消したことによって作品全体のクオリティが、より高くなる。もちろん作り手としては、これも伝えたい、あれも伝えたいというものばかりです。それをあえてカットしたからこそ、何度観ても毎回感動できる素晴らしい作品になったんです。

話し方も同じです。昔の僕は、伝えたいことが三つあるなら、三つすべてを話すのがいいことだと勘違いしていましたが、人の心には一度にそんなに多くのことは入ってきません。

むしろ、三つ話すことで話全体がボヤけたものになることが多い。シンプルに一つにするほうが聞き手に深く届くと、今の僕は思っています。

8

しゃべりの現場で学んだ！修造のNGワードリスト

「要は」は使い方に注意

誰にでも、よく使う言葉のクセがあります。その言葉が適切に使われていて相手がテンポよく聞けるなら問題ありませんが、話の内容と何の脈絡もなく連発すると、

「なんか癇《かん》に障るな」

「ここはその言葉を使うところじゃないだろ」

と思われてしまう可能性があります。

たとえば以前の僕は、「要は」という言葉をよく使っていました。「報道ステーション」の古舘伊知郎《ふるたちいちろう》さんとの会話の中で、「要はこういうことなんです」と言ったとき、放送が終わってから番組のディレクターに、「そういう言葉は目上の人に対してあまり使わないほうがいい」と指摘されました。

それまでの僕は、目上の人に対して「要は」が失礼になると考えたことはありませんでした。**文法的には間違いではないし、辞書で調べても失礼な表現ではありません。**

けれど、VTRを見直して「やっぱり良くないな」と思いました。なんとなく上から目線の雰囲気が感じられたからです。

僕にとってディレクターの指摘は、言葉を口にする前に考える習慣をつけるきっかけになりました。それ以来、「要は」を意識して使わないようにしています。自分の話をまとめるときに「要は」と言いそうになった瞬間、頭の中で「そのことについては」「結論を言えば」「僕が言いたいのは」などと違う言葉に置き換えています。

「要は」の他に僕がなるべく使わないようにしている言葉は、**「そうですねー」「楽しい」「難しい」「意外に」「〜の部分」「実際」**などです。

「意外に」と「〜の部分」は周囲の人たちに指摘されて、「実際」は自分で気付いて直すようにしました。

「そうですねー」は、質問に答えるときのNGワードにしています。この言葉は、答えを考えている間のつなぎとしてよく使われますが、あまり頻繁《ひんぱん》に使うと「何を聞いても『そうですねー』か、張り合いがないな」と、聞き手を失望させてしまうことがあります。

特に会議では、「そうですねー」ですべてを片づけようとすると、「機械的に言ってるだけで、俺の話をぜんぜん聞いてないだろ」と受け取られて損をすることもあると思います。

「難しい」は後ろ向きの言葉です。言ってしまうと、ものごとはそこで終わりだと思うので、別の言葉にするよう努力しているのですが、つい口にして反省することがあります。

「楽しい」は、心の状態を表現するには漠然《ばくぜん》としすぎていると思うので、自分の心がどんなふうにワクワクしているのかを考え、そのときどきで表現のしかたを変えています。

自分の言葉のクセを意識して直そうとすることで、僕は以前よりスムーズに話せるようになり、言葉の正しい使い方について考えるようになりました。

9

直したい言葉のクセが出たら、周囲の人に「はいっ！」と手を上げてもらう

NGワードの直し方

言葉のクセは無意識に出てくるものなので、自分ではなかなか気付きません。直したいと思うのなら、**自分がどういう言葉を連発しがちなのか、家族や友達などに聞いてみましょう**。

こうして言葉のクセがわかったら、それを自分のNGワードにして、口にしたら周囲の人に指摘してもらうようにします。

たとえば、「A君の企画に問題はないですよ、ね」などと、語尾に「ね」をつけるクセを直したいのであれば、「これから僕が『ね』って言ったら、『はいっ！』と手を上げて」と頼むわけです。

初めは話すたびに「はいっ」「はいっ」と手が上がるので愕然《がくぜん》とするかもしれませんが、そのくらい連発していることを自覚できます。どういうときに出やすいかもわかります。

僕は、この方法をジュニアの合宿に取り入れたことがあります。トレーナーのX先生が「ね」を連発する人だったので、夜のミーティングの前に選手たちに、

「今からX先生の言葉に『ね』が付いたら、『はいっ』と手を挙げろ」

と言っておきました。

選手たちは昼間猛練習しているので、ミーティングでは疲れて眠気を催《もよお》すこともあるのですが、このときばかりは、みんなX先生の話に集中していました。

そして――。X先生が話し始めたとたん、あちこちから「はいっ」「はい

っ」「はいっ」と手が上がったのです。ほとんどすべての言葉に「ね」が付いているので、ミーティングルームは「はいっ」の嵐になり、X先生はそれ以上喋れなくなってしまったほどでした。

X先生には申し訳なかったのですが、この方法なら、自分がどれだけ「ね」を連発しているかに気付きます。

NGワードを意識するようになっても、つい言いそうになることはあると思いますが、そこで我慢してNGワードに代わる別の言葉を探しましょう。

この感覚はテニスと似ています。

基本的に選手は、相手の打ったボールが手元にくるまでの一瞬の間に、相手の位置と自分の位置を見て、「回転をかけ、このスピードで、あの場所へ打とう」といったことを考え、そのボールの軌道を頭の中に描いています。あとは正しい動きの準備をして、その軌道をなぞるだけです。

人が話をするときも同じように、言葉を口に出す前に、必ず頭の中でその言葉を1回喋っているはずです。

少なくとも僕の場合はそうで、自分がNGワードにしている言葉を頭の中で聞き取ると、瞬時に別の言葉に変えて1回喋り、それをストレートに口に出しています。

これは、とても良い脳トレだと思っています。

NGワードの直し方

1 NGワードが脳内でよぎる

2 瞬時に切り換えて口に出す

それでもときには、言葉の選び方を間違えることもあります。その間違いを修正するには、何度も何度も練習する以外にありません。

練習を重ねることによって、よりスピーディーに適切な言葉選びができるようになり、ボキャブラリーの幅も少しずつ広がっていく、というのが僕の実感です。

10 通販番組とデパ地下の食品売り場が僕の「話し方教室」

「あなたからなら買いたい」と思わせる人

話し方を研究するために、僕はテレビの通販番組をよく観ます。特にジャパネットタカタさんの番組は、高田明社長の独特の言い回しや、わかりやすい説明が参考になります。

声がとても高いのは、普通なら「うるさいな」と思われる可能性がありますが、あの声を聞いただけで「あ、高田社長だ！」とわかり、テレビ画面に思わず注目してしまいます。訛りも普通は弱点として捉《とら》えられがちですが、視聴者にとってはむしろ耳に心地よく、高田社長の人柄を感じられます。

世間一般で言われる「正しい話し方」に必ずしも当てはまらなくても、それがその人の個性になれば、聞く人は話にすっと入っていけるのです。僕たちもそういう捉え方をすれば、自分の話し方のクセを強力な武器にすることができそうですね。ただ、滑舌だけはしっかりしていないと、聞き取りにくくなってしまいます。

高田社長の個性は強烈でありながらとても親しみやすく、単に商品を買うというよりも、高田社長の感性をも含めて購入するような感じで、テレビに向かって「で、社長はどう感じたの?」と聞きたくなってきます。

そして、あのワクワク感。視聴者の最大の興味は「値段はいくらなの?」というところにありますが、お得感の演出がわざとらしいと引いてしまいます。高田社長のトークは、ハイテンションなのにわざとらしさを感じさせません。

あまりにもトークが素晴らしくて、僕はジャパネット限定モデルのパーソナ

ル・カラオケを2回も買いました。商品紹介のとき、髙田社長は歌を披露《ひろう》していました。歌のうまい下手はともかく、じつに気持ちよさそうで、

「これがパーソナル・カラオケの良さなんだ。人に聞かせるために歌っているわけじゃない」

という気持ちが伝わってきました。喋りのテクニックというより、すべてが髙田社長の個性なんです。

デパートの地下で食品を売っている人たちのトークを聞くのも大好きです。押しつけがましさのない心地よい口調で説明されて、

「このお菓子がおいしいか知らないけど、あなたの話し方がうまいから買います」

と、わざわざ言ったこともあります。

通販番組とデパ地下の食品売り場に共通するのは、**「やらされている感」がないこと**です。

売っている人は本当にその商品のことが好きで、いかにしてお客を楽しませ

ながら「買いたい！」と思ってもらえるか、一所懸命に工夫している。その思いが僕たちの心に届くから、つい財布のひもを緩めてしまうのでしょう。

11

「質問されたら、まず答えを言ったら？」と妻に注意されてしまいました

これだけは守る「答え方」の鉄則

誰かから質問を受けたとき、僕は次のことに気をつけています。

❶イエスかノーかを問われたときは、まずイエスかノーで答える

❷答えとともに、自分の感じたことをしっかり話す

この二つは普段から努力しているのに、しょっちゅう失敗ばっかりしていま す。

たとえば、子供の幼稚園の面接に妻と二人で行ったときのことです。面接官の先生から、「今、日本のテニス人口はどういう状況ですか?」と質問された僕は、「今はジュニアも本当に強くなってきて……」という話から始め、面接が終わってから妻に、「質問されたら、まず答えを言ったら?」と注意されてしまいました。

最終的にはテニス人口の話をしたのですが、そこに行くまでにテニスに関するいろいろなエピソードを喋りました。それ自体は悪くないと思いますが、最初に質問に答えていません。「テニス人口はとても増えています。今はジュニアも力をつけてきて……」と話せばよかったんです。

こういう失敗をよくするので、「聞かれたことに明確に答える!」と自分に言い聞かせていますが、時と場合によっては、「あえて答えない」もありだと思います。

ビジネスシーンでいえば、「A君のことをどう思うかね?」「御社の抱える問題をどう考えますか?」と上司や社外の人に質問されて、本当の気持ちを答えたら大変なことになってしまう場合です。

そんなときには、ありきたりの話でお茶を濁《にご》してしまいましょう。これは逃げではなく、戦略の一つ。TPOに応じて本心を隠す慎重戦略も、トークには必要です。

12

スケートもトークもクールビューティー。荒川静香さんに学ぼう！

伝え方は努力で変わる

荒川静香さんとは、フィギュアスケートのグランプリシリーズやグランプリファイナルの中継で10年近くご一緒しています。

荒川さんの解説は、選手目線でありながら具体的でわかりやすい。視聴者のことを本当に考えているんです。演技の説明では、

「音楽の抑揚《よくよう》と一緒に動作がついていく……引き込まれますね」

「余韻《よいん》が残るフィニッシュです」

などなど、彼女にしかできない表現がたくさん出てきます。表現の幅がとても広く、言葉の置き換えがうまいのです。

フィギュアの中継で一つの技にコメントできる時間は、わずか数秒ですが、荒川さんのコメントはその数秒の中にピタリと納まり、しかも、「解説者の話し方はこうあるべきだ」という枠にまったくとらわれていません。話し方はとても冷静ですが、その内容は情熱的でチャーミング。

そして彼女は、〝返しの女王〟でもあります。時間がなくて打ち合わせが充分にできず、ほとんどぶっつけ本番のような状況で質問しても、期待した以上のコメントを返してくれるんです。最も難しいのは、放送時間があと10秒というときに話を振られて、ひとことで返すことですが、彼女はそんなタフな返しも完璧です。トークミスなし。オールマイティ。

頭の回転がよく度胸があることは事実ですが、けっして手馴れてやっているわけではありません。毎回、心の中でシミュレーションを繰り返し、「ここでこういう話を振られたら、こう返す」と考えたうえで本番に臨んでいるのだと思います。

スケートもトークもクールビューティーな荒川さんですが、**最初から完璧な喋りをしていたわけではありません**。

僕もスポーツキャスターになりたての頃に経験したことですが、生中継だと決められた時間の中で話さないといけないので、緊張で自分の知識や感性をうまく伝えられないもどかしさがあったと思います。

わかりやすく柔らかく話そうとしても、全体的に堅いイメージになってしまう——。彼女も初めのうちはそういうジレンマを感じていたようで、自分なりの言葉で話したいという気持ちとは裏腹に、「今のは素晴らしいトリプルアクセルでした」といった話になりがちでした。

アスリートが話し上手である必要はまったくありませんが、すべての視聴者は、2006年冬季オリンピック・トリノ大会で世界の頂点に立った荒川さんが、選手の演技をどう感じるかを聞きたいと思っているはず。

もちろん荒川さん自身も、「自分の思いを伝えたい」という気持ちを強く持っていました。その気持ちがひしひしと伝わってくるだけに、昔の僕と同じように「綺麗に話さなきゃいけない」という呪縛のために自分の思いが話せないのだとしたら、ものすごくもったいないな、と感じていました。

そんな彼女が今のようなトークを身に付けたのは、見えないところで、とてつもない努力をしたからです。「一流のアスリートは器用だから、トークも自然とうまくなるのだろう」と思う方もいるかもしれませんが、器用さだけであのトークはできません。

失礼な言い方かもしれませんが、僕が今まで見たアスリートの中で、「話すことに関して努力で変わった」という点で彼女はダントツです。

荒川さんは「今回はこういう話をしよう」と紙に書いて何度も何度も練習することから始め、プロアナウンサーのための話し方クラスも受講したそうです。喋りの基礎を学んだうえに、チャンピオンの視点から感じたことをわかりやすく伝える工夫も、経験を重ねるにつれてどんどん加わっていきました。

そうやって、書いたものに頼らず、型にはまらない自然体の喋りを身に付けたのです。

独自のトークを身に付けた今も、荒川さんはそれに満足することなく勉強を続けています。その勉強は彼女にとって「しなきゃいけないイヤな勉強」ではなく、「自分が成長できる楽しい勉強」なのでしょう。だからこそ、回を重ねるたびにうまくなるのです。荒川さんの姿勢を、僕はいつも見習わせていただいています。

13

心は冷静と情熱の間におけ！

感情が乱れそうなときのコツ

精神的に落ち着いて自分を見失わない冷静さを保ちながら、心には情熱の炎が燃えさかっている――。僕は、「いつもそんな心の状態でいられたらいいな」と思っています。

冷静と情熱の間にいれば、ＴＰＯによって話し方を変えることもできます。

この人には情熱的に語るほうがいい、この場面では冷静に話すほうがいい、という判断ができるんです。

僕の場合、「報道ステーション」では冷静に話しますが、心は熱い。ゆっくりした抑え気味の口調の中に、「修造の強い思い」を感じてもらえるような話し方を心がけています。

一方、ジュニアの指導では情熱を全面に出しますが、心は氷のように冷静です。選手の心をどうしても変えたいときには、自分の言葉がその子に与えるプラス面とマイナス面を充分に考えたうえで、「お前の弱点はここだ」「きみは心を変えなきゃ上に行けないぞ」と、強い口調で言い切ります。

どちらの場合も、冷静と情熱の間にいるのは同じです。その情熱を、どう表に出すかという方法論の違いだけです。

ただ、冷静と情熱の間で話すことは、家族など親しい間柄になればなるほど困難になります。

たとえば、さっきまで、「お父さ～ん」と寄ってくる子供たちを「かわいいなぁ、我が子よ」と思いながら楽しく遊んでいたのに、子供たちが言うことを聞かなかったりすると、いきなり「冷静」がどこかへ飛んでいき、怒りスイッチを押してしまう。そうなると、「なんで言うことを聞かないんだ」「おまえのことを思って言っているのに、なんでわからないんだ」と、すべて自分サイドからの言い分になってしまいます。怒りに変形した情熱は、もはや「正しい情熱」とは言えません。

昔の僕は、家族に対する情熱が行きすぎた末に出てくる怒りを「自己中心的な一人よがり状態」だと自覚せずに怒っていましたが、今はできるだけ自分を外側から見て、「理不尽なことを言っている」と自覚するよう努力しています。

この努力は、会社で上司や先輩の立場にいる人にも必要だと思います。部下への愛情や期待からの叱責でも、冷静さを失えば相手は引いてしまうので、「○○さんは

冷静と情熱の間にいると
コミュニケーションはうまくいく

感情でものを言う」と思われてしまう危険性もあります。しかし、その一方で「冷静さ」が行きすぎると、「冷酷な人」と思われてしまう恐れもあります。

心のコントロールは本当に難しいものですが、冷静と情熱のバランスをほどよく保てるようにもっともっと努力しようと、僕は思っています。

14

終わりよければすべてよし。最後のひとことに渾身のFEELを投入しよう！

トークもメールも締めくくりが肝心

すべてのトークで最も大事なことは、「話の終わり方」です。そのトーク全体を象徴するようなインパクトのある言葉で締めくくり、強い印象や余韻を残すことが大切だと、僕は思っています。

「くいしん坊！　万才」でも、締めの言葉を考えながら地元の方々とお話しをしています。

たとえば、愛媛県で珍しい郷土料理をごちそうになったときのこと――。

宇和島市では、「ふくめん」という料理をいただきました。「ふくめん」は、ネギ、鯛のそぼろ、玉子の白身と黄身を裏ごししたもので表面が色鮮やかに覆い隠されていました。

「下にはご飯があるのかな?」と思って中を掘り起こしてみて、驚きました。中身はご飯じゃありません。なんと、糸こんにゃく! 糸こんにゃくだから具材とよく絡み、よりおいしくなるのです。このときは、こんな言葉で締めくくりました。

「中に何が隠されているのか……ドキドキしましたが、みなさんの元気とおいしさが隠れてました! ごちそうさまでした!」

遊子《ゆす》という港町では、名産の真鯛《まだい》(地元では「桜鯛」と言うそうです)を使った「六宝《ろっぽう》」という郷土料理をいただきました。

醤油、みりん、酒、砂糖、ごま、生卵の六つの材料をタレに使っていることが「六宝」の名の由来だそうです。新鮮な真鯛を贅沢にタレにつけたものを、ご飯にのっけていただきました。これがまた格別！　鯛の身がプリップリにしまっていて、タレに卵が入っているので味がまろやかになるんです。ご飯が進む進む。

「この味は本当に『宝』です！　遊ぶ子と書いて『ゆす』と呼ぶ地名を考えると、遊び心からできあがった料理のような気がしますね。ありがとうございました！」

遊子という地名が印象的だったので、それにからめた感想で締めくくりました。

ここでも僕が大切にしているのは「Ｆｅｅｌ」。僕自身がどう感じたか、です。「とってもおいしかったです」「ありがとうございました」と普通に言うよりも、インパクトは何十倍、何百倍も大きくなると思います。

スピーチ、プレゼン、会議などの準備で話したいことを紙に書き出すときも、僕がいちばん重視するのは「最後に何を言えば印象に残るか」です。自分の気持ちが最も伝わりやすい言葉、それまで話していたことを凝縮するようなインパクトのある言葉、前向きな言葉で終れるといいなと思い、そういう言葉を探し求めています。

終わり方が肝心なのは仕事上のメールでも同じでしょう。

例えば、普通なら最後に名前だけを入れますが、僕はひと言自分の「気持ちコメント」を入れてメールを送るようにしています。

相手に無理をお願いする場合なら、

「本当は申し訳ないと思っている　修造より」

感謝の気持ちを伝えたいときには、

「Aさんにこの仕事に携わっていただき、よかったとつくづく感じている　修造より」というように。

どういう言葉が印象に残るかは、人のトークやメールをよく見ているとわかってきます。

コミュニケーションを気持ちのよいものにするためにも、ぜひ、「最後のひとこと」を大切にしてみてください。

「感想」が人の心を動かす

聞く

相手の本音を引き出す極意

CHAPTER.2

LISTEN

15

本心が出てくるまでずっと待つ、とことん粘る！

徹底的に相手本位で聞く

僕がインタビューで相手の本音を引き出すときの武器は、「粘り」です。本当の心の声が出てくるまで聞き続けるので、「しんどいな」と感じるアスリートもいると思います。

現役時代の僕は、

「とにかく自分らしく頑張ります」

「今回の試合は楽しくできました」

などと通り一遍《いっぺん》のコメントをしたことがあります。

自分の経験からいちばん楽な答えだとわかっているので、相手からそういう言葉が返ってきたら、

「では、あなたの〝自分らしさ〟って何ですか？」

「〝楽しい〟とはどういうことですか？」

と突っ込んで聞き、その選手なりの言葉が出てくるまで無言で待ちます。

選手自身に自分と向き合ってもらい、「うーん、それって何だろう」と困惑してしまうほど深く掘り下げてもらうためです。そこをスルーするくらいなら、インタビューをしないほうがいいとさえ思っています。

生放送では5秒間の沈黙でも相当長く感じられるので、「何か喋って助け舟を出さないと」と恐さを感じますが、それでも僕は待ちます。収録の場合は、言葉を変えていろいろな方向から同じことを聞き続け、相手の本心が出てくるまで粘ることもあります。心の中で「ごめんなさい」と言っていますが、相手が考え込んだときほど本当の心の声を聞けることが多いのです。

ただ、ときにはインタビューしようのない状況もあります。

たとえば、日本中の期待を背負いながら大きな試合で負けた場合、ほとんどの選手は心の声を出したがりません。そこで無理に話してもらうのは、傷ついた心をさらに深掘りして問い詰めることになってしまうので、心の声を開くのはもっと時間が過ぎてからになります。

テレビ局側に立つか、選手の側に立つかと聞かれれば、僕は100パーセント、アスリート側に立ちます。

「この場では自由に話していただきたいのですが、これはやっぱり公にするのは厳しいというものがあれば、あとで言ってください」

とインタビューが始まる前に言うと、相手は気持ちが楽になり自由に話をしてくれます。こうして相手が話しやすい環境をつくる手法は、会議や商談などにも応用できると思います。

僕にとって最高に嬉しいのは、インタビューのあとで、

「言葉にして初めて、自分がこんなふうに考えて競技をやってきたんだってわ

かりました」

と言われること。それができて初めて、一つの企画として成功なんだと思います。

そこまで到達するのは正直なかなか難しいですが、僕が目指しているのは、選手が「気付けてよかった」と感じてくれることなんです。

16

心の声を引き出す「勝負クエスチョン」

相手の答えもイメトレしておく

相手の心の声を聞くには準備が大切です。僕の場合、アスリートにインタビューする前段階の準備として、その人が出している本や新聞・雑誌のインタビュー記事をすべて読み込み、その人を取材したことのあるディレクターがいれば話を詳しく聞きます。

新聞や雑誌で最も興味をひかれるのは、

「あのときは競技生活で最高に嬉しかった」

「こんなきっかけで気持ちが変わった」

「そこで初めてゾーン（無我の境地）に入れました」

など、本人の気持ちがカギカッコ付きで書かれている部分です。その中から、もっと深く意味を知りたいものをピックアップし、

「どう嬉しかったの？」

「気持ちがどういう状態からどう変わったの？」

「あなたにとってゾーンに入るってどういうこと？　そのときの感覚は？」

といった疑問に迫ろうとします。答えを引き出すのはとても難しいですが、こういうところに本音や人間味が出てくるので、インタビュアーとしてはいちばん引き出したい部分です。

「いくつのときからこの競技を始めたのですか？」「身長は？」「体重は？」といった定型的な質問は、インタビューの流れで必要な場合を除いては、ほとんど意味がないと思います。**ビジネスにも言えることですが、「調べれば誰だってわかることは聞かない」が基本原則**でしょう。

準備段階ではイメージトレーニングも欠かしません。**頭の中で現場の光景を思い浮かべ、この質問をしたら相手はこう答えてくるだろう、そのときはこう切り返す、とシミュレーションする**のです。

ここで大事なのは、心の声を引き出す質問を、いつ、どのようにすればいいかということ。これを僕は「勝負クエスチョン」と呼んでいます。特に聞くタイミングは重要です。

「あなたにとって、この競技はどういう存在ですか?」

という非常にシンプルな聞き方だとしても、その質問をいつするかによって、心の声を引き出せるかどうかは違ってきます。

このシミュレーションは、どんな場合でも1回はやります。インタビューの直前まで何回も繰り返すこともあります。

17

「子供の頃はどうでしたか？」で相手の思いや感情がどっと乗ってくる

話を弾ませる魔法の言葉

アスリートにインタビューするときは事前にかなり準備をする僕ですが、「くいしん坊！　万才」の場合は、準備をしないことが最高の準備だと思っています。

収録のポイントは把握《はあく》しておきますが、台本は読みません。先入観なくその場に出された料理を食べ、そこで起きること、味わうこと、感じることを自然体で伝えたいからです。

基本として心がけているのは、

「この料理はなんていう名前ですか？　どういうふうに作るんですか？」

と、**いきなり本題から入らない**こと。

相手の方は、それを最初に聞かれるだろうと思っているはずなので、あえてその質問をしないで、

「この食材に出会ったのはいつですか？　最初に見たときどう思いましたか？」

といったことから聞いていきます。

テレビカメラの前で緊張する方もいるので、話しやすい雰囲気づくりも心がけています。人間は緊張すると声が小さくなりますが、自分では意外と気付きません。

そういうときはいきなり、

「えーっと、これは⁉」

とむちゃくちゃ大きな声を出し、その声の大きさをベースに話してもらいます。

人前で喋るのが苦手な方の場合だと、

「この魚はどういうところで獲れるんですか？」「海です」

「この魚のことをどう思いますか？」「うまいです」

ぽつっ、ぽつっと会話が終わってしまい、話がなかなか進まないこともあります。けれど、「子供の頃からこの魚を見ていましたか？」と話を向けると、こわばっていた表情がみるみるうちに柔らかくなり、

「ええ、昔は近所のみんなで獲りにいきましたよ。この魚は沖合の強い波の中で泳ぎまわっているから、身がとってもぷりぷりしてるんです。私は小さい頃から大好きでね。おふくろは、よくこの料理を作ってくれたもんです……思い出すと涙が出てくるよ」

と、素晴らしい話が出てきたりします。子供の頃の思い出やおふくろの味の話になると、自分の思いや感情がどっと乗ってくるんです。感極まっていく空気を僕が感じれば感じるほど、料理がその人を通した味になっていきます。

食材や料理の説明だけなら、本を読めばわかります。僕はそういう説明より

も、**作る人の思いやストーリー**を通して、その料理のおいしさを伝えたい。

料理の味とともに、そのとき、その場で感じた「人間味」をテレビの前の人たちに伝えたいのです。

子供の頃のことを聞くと
相手がリラックスする

18

本気だからこそしてしまった僕の失敗

「これ言ってほしい」を無理強いすると……

どうやっても心の声を聞き出せず、途方に暮れることもあります。ロンドンオリンピックの前年、競泳の寺川綾《あや》さんにインタビューしたときがそうでした。当時、寺川さんはアメリカ・アリゾナ州のフラッグスタッフというところで高地トレーニングをしていました。成田からサンフランシスコへ飛び、飛行機を乗り換えて内陸部の空港へ。そこからさらに車で数時間もかかる山間の町です。

「メダル圏内にいる綾さんに遠くまで会いに行くんだから、いい話をしてもらおう！」

と、いつも以上に気合が入ります。番組としては「メダルを狙います」「目標は金です」という言葉を期待していました。

天気は快晴。気持ちのいい芝生の上でインタビューが始まりました。

ところが、始まって1分もしないうちに、寺川さんが「メダルを狙います」と断言したくないことに気付いてしまったんです。

すぐに「オリンピックで何を得たいか」という話に切り替えましたが、いくら掘り下げてみても、「終わって納得いくようにしたいです」「結果よりも頑張るだけです」という漠然とした言葉しか出てきません。

メダルのことは聞くまいと思っていましたが、困り果てた僕は、「本当のところどうですか、メダルは意識します？」と聞いてしまいました。

「もちろんゼロなわけないじゃないですか。でも、それをわざわざ言う必要ない」

強い口調で発せられた言葉は、僕に向けたというよりも、メディア全般に対してシャッターを下ろすような印象でした。寺川さんには、実力はあるのに結果を出せなかった時期があり、メディアからのプレッシャーでつらい思いをした経験があったのです。

結局、彼女の口からメダルへの意気込みが出ることはなく、目指していたものとはまったく違うインタビューになってしまいました。どうしよう、どうやって企画を練り直そうか……。僕は芝生の上に打ち崩れ、帰りの飛行機の中でも暗くうなだれたままでした。

「いい話をしてもらおう」と気負いすぎたときや、「こういう言葉を言ってくれたら企画として面白くなるぞ」とこちらでストーリー立てしたインタビューは、必ずと言っていいほど失敗します。

大失敗してしまったインタビューの翌年。ロンドンオリンピックが目前に迫り、寺川さんは大変化を遂げました。「金メダルを狙う」と公言するようになったのです。その言葉を現実のものにするため、練習では自らを極限まで追い込みました。

そして迎えたロンドンオリンピック100m背泳ぎ決勝で、日本新記録・アジア記録で銅メダル！

日本代表入りしてから11年、初めてつかんだオリンピックのメダルでした。翌2013年4月の日本選手権では、50m背泳ぎで日本新記録を樹立。100mでも、自らの日本記録にわずか100分の1秒と迫る好タイムで優勝しました。

それから約1か月後、僕は再び寺川さんを取材し、率直な疑問をぶつけました。

「アリゾナでのインタビューは、僕もちょっときつかったです。でも、オリンピック直前になって『金メダルを獲ります』と口に出すようになりましたね。何が変わったんですか？」

転機は、指導を受けていた平井伯昌《のりまさ》コーチとのやりとりにありました。

「そもそもお前はな、自分が思ってることをもっと口にすれば、そういうふうにはなんないんだよ。金メダル目指してるなら、『獲りたいです』ってはっきり言えよ」と平井コーチに言われて、ほとんど喧嘩腰《けんかごし》で、

「別にそれでもいいですけど！」

と答えたというのです。

それまでの彼女は、「金メダルを目指します」と言って周囲からいろいろと言われるのがイヤで、言う必要もないと思っていました。でも、自分の本当の思いを実際に言葉にしてみると、周りから何を言われてもぜんぜん気にならない。むしろ、言葉にしたことで応援してくれる人が増えて大きな力になり、「言ったほうが楽だな」と気付いたのだそうです。

「気付くのに時間かけすぎでしょ、って思います。でも、気付いたのがオリンピック前でよかった」

別人のように意識が変わった寺川さんに、「自分を変えるには何がいちばん大事だと思いますか？」と聞くと、「自分に嘘をつかないこと」という答えが

返ってきました。

「自分が思っていることに対して、自分で嘘をついてるとダメです。以前の私は嘘をついてた。今はそうじゃなく、自分で決めたことは自分で裏切っちゃいけないなって思います」

２０１３年12月、寺川さんは長い競技生活からの卒業を表明しました。笑顔で記者会見に臨んだ彼女は、その年の世界水泳で銅メダルを獲得したものの万全の状態ではなかったことを明かし、現役を退く心境をこう語っていました。

「選手として、自分に嘘をつけませんでした」

19

「こんな大変なこと、僕だったらやめてます」共感力で心の距離がぐっと近くなる

相手と同じことをちょっとでも体験する

「報道ステーション」の中で、僕はいろいろなスポーツを体験しています。体験映像を出すのが目的ではなく、自分でやってみて、選手の気持ちに少しでも近づきたいからです。

女性ボートレーサーの平山智加《ちか》さんを取材したときは、ボートに乗せてもらいました。まるで水の上を飛んでいる感覚。カーブのときがいちばんきつく、

体をずっと波に殴られているようで、ボートレースが「水上の格闘技」と呼ばれる意味を実感できました。

フリーダイバーの岡本美鈴《みすず》さんを練習場所に訪ねたときは、一緒に少し潜ってみました。フリーダイビングは、空気タンクを使わずに、どれだけ深く潜れるかを競うスポーツ。岡本さんは2013年の世界選手権で水深86メートルまで潜り、日本人初となる銀メダルを獲得しています。僕が潜ったのは5メートルほどでしたが、

本当にきつくてしんどい。酸欠で意識を失う選手もいるという苛酷な競技の一端を、肌で感じることができました。

オリンピック種目も数多く体験し、シンクロナイズドスイミングや新体操など女子種目にも挑戦しました。シンクロでは、「どうすれば水中でそんなに足が上がるん

オリンピック種目も実際に体験してみる

ですか⁉」とビックリ。水中で長く息を止めていると、人間じゃない感覚になってきます。スキーの5メートル級ジャンプも経験しました。5メートルでも怖くて怖くて、前の晩は眠れませんでした。

自分で体験すると、インタビューの内容は確実に深くなります。

アスリートというのは、自分がやりたいスポーツをやっているわけですから、「苦しいです、こんなに大変なんです」なんて本当は言いたくありません。僕もそうでした。けれど、そういう話もしてもらわないと、視聴者はそのスポーツの魅力を理解できません。

そのとき僕が、「実際にやってみて、こういうところに大変さを感じたんです」とぶつければ、相手の選手は、「修造さんは一応わかってくれてるんだ。でも、じつはそんなもんじゃないんですよ」と、自分の思いを入れて話しやすくなります。

「こんな大変な競技、僕だったらやめてます。とてもあんな緊張に耐えられない」と言うこともあります。すると相手は、「えっ、修造さんだってプロテニスプレーヤーとしてものすごい緊張感の中でやってきたのに、なんでそんなこと言うんだろう？」と思います。

何も体験しないで「この競技のどこが大変ですか？　どんなときがいちばん緊張しますか？」と聞くよりも、お互いの心の距離が近くなるわけです。そこから、僕の感じた緊張と選手が感じる緊張は何が違うのかという話題になり、「試合前は緊張で全身が震えるけど、競技が始まると体が自然に動くんです」といった心の声も出てくるようになるので、選手が感じる緊張がどんなものなのか、視聴者にリアルに感じてもらえます。

普段の会話でも、相手の立場になって考えてみれば、より内容のある言葉を引き出すことができるでしょう。その中には、あなたにとってプラスになる言葉も多いはずです。

また、**相手からアドバイスをもらったときには、ともかく相手の意見に従って一度は行動してみる**ことをお勧めします。自分なりの考えを持つことは大事ですが、それにこだわりすぎると、周りの世界が見えなくなることもあるからです。実際に体験すれば、「確かに相手の言うとおりだ」と思える部分もあるし、「この部分を変えれば、もっとよくなるんじゃないかな?」と具体的なアイデアを出すこともできます。

20

「聞く」タイミングは相手の心のモードを読んで考える

「今はダメ」オーラを見極める

相手に意見を仰ぐときには、「聞く」タイミングが重要です。タイミング一つで、うまくいったり、いかなかったりします。

聞くタイミングをつかむには、相手の心の状態をどこまで読めるかが大きなポイントになります。

たとえば、商談で先方の意向や条件などを聞き出そうとするとき、相手がこの話に乗り気なのか、「本当は会いたくなかったんだけど、しかたなくこの場に出てきたんだよね」と思っているのかは、なんとなくわかるでしょう?

企画会議で上司の意見を仰ぐときも、「今日の部長は機嫌がいいか、それともイライラしてるのか」と、良い意味で相手の顔色をうかがうことがありますよね。

このように相手の心を読めば、想定していたイメージと話の流れが違ってきても対応できるし、「今はこれ以上深く聞くのはやめよう」という判断もできるはずです。

インタビューでも、聞くタイミングは非常に大事です。

アスリートの場合、「話したくない」という雰囲気をハッキリ出す方はほとんどいませんが、微妙な雰囲気から「今は聞くタイミングではない」と判断し、考えていた会話の流れを変えることは往々にしてあります。

たとえば、ロンドンオリンピックの2か月ほど前に、サンフランシスコで北島康介《こうすけ》さんにインタビューしたときがそうでした。

オリンピック前としては最後の取材になるだろうし、アテネ大会や北京大会の前には心の声を聞けていたので、「今回も深い話をしてもらおう！」と、それまでの取材資料をすべて読み直し、何度もシミュレーションを重ねてサンフランシスコに向かいました。

しかし、目の前に現れた康介さんを見た瞬間、「ロンドンのことを深く聞いちゃダメだ」と直感しました。いつもはトレーニングウエアで取材に応じる彼が、普段着で、しかもTシャツとジーンズでインタビューの場に現れたのです。

僕には一発でわかりました。オリンピック開幕2か月前というこの時期は、康介さんにとって、まだ戦闘モードになっちゃいけない時期なんだ、ということが。

そういう状況で「今回のオリンピックはどうですか？」と突っ込んで聞いたとしても、「今はその話はしたくないんだ」という何らかのサインがあるはず。同じ質問をもう一度したら、ぽつんとひとこと「頑張るだけです」で終わり、たぶん僕に対する信頼感はゼロになるでしょう。僕も現役時代に同じようなことがあったから、それはわかります。

ロンドンへの思いを詳しく聞けない以上、頭の中で描いてきた話の流れをその場で修正し、明るい雰囲気の中でどういう話ができるかに頭を切り替えなければいけません。

そこで僕は、北京大会の前と同じ質問をぶつけることにしました。

「オリンピックは、北島さんにとってどんなものですか？」

北京大会直前の康介さんは、

「たとえは悪いけど、オリンピックというのは戦争だと思っている。負けたら日本に戻れないくらいのつもりでいる」

と答えていました。

ところがこのときは、「大運動会です」と答えたのです。

最初は「大運動会？」と思いました。でも、北京からロンドンまでの彼の4年間の過程をよくよく考えてみると、「今の康介さんにとっては、そういう捉え方が正しいんだな」と思えてきました。

それまでの北島さんは、日本のために勝たなきゃいけない宿命の中で水泳をやっていた。それが今は、自分のために水泳をやっている。以前のように切羽《せっぱ》詰まってはいない――。

「戦争」から「大運動会」という変化を示すだけで、これまでとは違う思いでロンドン大会に臨もうとしていることが視聴者にはわかります。

想定通りの質問ができないので僕自身は苦しみましたが、返ってくる言葉の一つひとつには重みがあり、結果的にこのインタビューはとても良い内容になりました。

このようにインタビューでは、こちらが想定していたシナリオと実際の話の流れが、かなり違ってくることが往々にしてあります。むしろ、**自分の描いていたシナリオが崩れたときのほうが、まったく予期していなかった新しい話や興味深いエピソードを引き出せるので面白くなることが多い**、と言えるかもしれません。

もちろん、だからといって準備をおろそかにするのは禁物です。

じつは、北島さんにお会いしたときの僕は、準備段階でアテネ大会からのインタビュー内容をすべて見直し、あえて北京大会前と同じ質問もしようと思っていました。そのため、「今はロンドン五輪への思いを突っ込んで聞くタイミングではない」と判断してから話の流れを変えるまでの対応が、すばやくできたわけです。やはり準備は大切なんです。

きちんと準備をしたうえで相手の心の状態を読み切れば、出てくる答えは変わるのです。

21

歓迎！会話のラビリンス

意味がわからないときほど楽しむ

陸上女子１００メートル、２００メートルの日本記録保持者、福島千里《ちさと》さん。彼女の武器は、外国人選手顔負けのスタートダッシュと、「アメンボ走法」と呼ばれる独特の走り方です。通常、人が走ると体が上下に動きますが、彼女の走りは上下動がほとんどありません。まるでアメンボが水面を滑走するような走りで、２０１０年に１００メートル11秒21の記録を叩き出しました。

速さの秘密に迫ろうと千里さんを訪ねた僕は、いきなり驚かされました。

「なんであんなに速いんですか？」

「とにかく速く走る。こう、スーッみたいな」

「？？？　ぜんぜんわかりません（笑）」

僕はいつも、**「このインタビューをオンエアするとき、何が最大のテーマになるか」**を考えながら話を聞きます。スーッのインパクトは強烈で核になる言葉だと思ったので、スーッの正体に迫っていくことにしました。けれど、なかなか納得できる答えが出てきません。

「どうしてもスーッだけは知りたいです。ほんと申し訳ない。僕、相当しつこいんでね」

と言いながら、

「スーッを感じるのはどんなときですか？」

「スーッといかないときは？」

「走るとき何を意識されてます？」

といろいろな方向から聞くのですが、

「自分のレースができたらスーッといってる感じがします」とか、「スタート失敗したらスーッといかないし、周りの選手を意識しすぎるともうカチカチカチカチみたいになってスーッといかなかったり」とか、「前に前にって思ってます。前に、前に、前に、前に。でも、考えたことないですけど。前に、前に、前に、前に」

とか、とにかく不思議な答えばかり。

もらっている時間は45分なので、「このまま終わっちゃうんじゃないか？どうすりゃいいんだ」と焦ってきましたが、ここは粘ってスーッをとことん追究するしかありません。

残り時間が15分を切った頃、ようやく僕にもイメージできる答えが返ってきました。

「下り坂をボールがコロコロコロコロって転がっていく感じ。みんなはこう上り坂をダダダってダッシュしていく感じ。でもそれよりも下り坂でボールがコロコロコロ〜って転がっていくほうが速いし。なんかそんな感じ。なんとなく」

彼女の中では、下り坂のイメージが平地にあるわけです。でも、まだ僕にはスーッ、コロコロコロ～の正体がわからない。

「ここまできたら頑張ってください。いくらでも待ちます」

と励ましながら聞き出すうちに、ついにこんな話が出てきました。

「四角とか三角とか角のあるやつだったら、1回止まって、もう1回力入れて、1回また止まって力入れてってていうのがあるじゃないですか。でも、こうコロコロコロ～みたいな。コロコロコロコロコロ～みたいな。なんか重心の移動。丸い物が動いてるように、スーッ。またスーになっちゃいますね。前に、前にー！みたいな」

「素晴らしい‼　今のでわかった‼」

坂道でサイコロを転がせば、着地するたびに面と面とが接触します。走り方でいえば、「着地して、踏み込んで、跳《は》ねる」というイメージです。しかし、千里さんの走りのイメージは坂道でボールを転がすように、すべてが一連の流れで続いていく。それを彼女は「スーッ、コロコロコロ～」と表現していたのです。

北海道の千里さんの実家の近くには坂道があり、彼女は子供の頃、ご両親の農作業を手伝いにその坂を走って行き来していたそうです。スーツの走りは、そのときの感覚から生まれたらしいことも、最終的にわかりました。

どんな会話でも、最初の質問で納得できる答えは出てきません。なぜなら相手は、自分の感覚を言葉にして説明したことがほとんどないからです。

でも、辛抱して聞いていけば答えはちゃんと出てきます。**会話が迷宮に入り込んで遠回りをしたぶん、いい話を引き出せます**。

千里さんの場合もそうでした。

仮に僕がスーツの追究を途中であきらめていたら、このインタビューはほとんど意味のないものになり、視聴者は彼女のことを単なる「天然」だと誤解してしまったかもしれません。

千里さんは、迷いながらも答えを一所懸命に探してくれました。困らせてしまって申し訳ない思いで、「本当にお疲れさまでした」と最後に言葉をかけると、

「自分の走りを初めて考えました。すごくよかったです！」と嬉しい言葉を返してくれました。

その後も、お会いするたびに「あのときは楽しかったです」と言ってくれます。

その言葉は僕にとって何よりの喜び。そして、「もっともっといいインタビューができるように頑張ろう！」という励みになっています。

22

「今日はありがとうございました」のあとからが本当の勝負

「帰り際のトーク」も大切にする

インタビューがひととおり終わってリラックスした雰囲気の中で、相手の心の声がぽつりと出てくることがあります。商談などでも、**帰り際に出た話がきっかけになって、腹を割った話し合いができることがあるでしょう。**

僕は取材中に相手の様子を見て、「雰囲気がちょっと硬いかな」と思ったときには、「今日はありがとうございました」と挨拶をして、マイクも外して立ち上がってから質問することがあります。その場合、取材時間が決まっていれば、「時間です」と言われる1、2分くらい前にインタビューを終わらせますが、スタッフには「絶対に音を録っておいて。カメラも回しておいて」と頼んであります。

アメリカツアーに参戦しているプロゴルファーの宮里美香さんを取材したときも、このやり方で心の声を引き出すことができました。

美香さんは、「I have to」の上に大きく「×」を書いてある紙をゴルフバッグの中に入れていました。「それは何ですか?」と聞くと、「私はhave to系思考をしがちなので、いつも持っているんです」と言います。

彼女はとても真面目なので、何をするにも「自分は~しなきゃいけない(I have to~)」と考えてしまうのだそうです。試合でも、「勝たなきゃいけない」「このパットを入れなきゃいけない」と、大事なときにhave to系思考のせいで硬くなってしまうという話になり、やがて「夢はメジャーで優勝すること。世界一になることです」という話題に移っていきました。

そのとき、ディレクターから「美香さんにとってメジャーで優勝することは

have toなのか?」と質問の指示が出ました。普段の僕は、こういう指示をほとんど無視します。準備段階でスタッフと何度も話し合い制作意図を確認しているので、無視してもディレクターの要求は外していないはずだし、ディレクターは僕の考えを理解してくれているので怒ったりしないと思うからです。でも、このときは「むちゃくちゃいい質問をくれたな!」と思いました。

あまりにもいい質問なので最後まで残しておき、インタビューを終えて立ち上がってから、「メジャーで優勝するのってhave toですか?」と、さりげなく聞きました。すると美香さんは目尻をきりっと上げて、

「いえ、have toじゃないです。I canです」

と力強く答えたのです。これ以上ないというほど、最高の終わり方でした。同じ質問をインタビューの途中でしていたら、たぶん、この言葉と表情は引き出せなかったと思います。

あのときの美香さんにとっては、**「ありがとうございました」のあとが、心の底から本心を言えるタイミング**だったのです。

23

じっくり考えてくれる人の沈黙は気まずくない！

「口を挟まない勇気」を持つ

イチローさんがシアトル・マリナーズに移籍したときの、インタビューでのこと。

独特の「振り子打法」を一般的な打ち方に変えるよう、コーチから指示されたイチローさんは、その場で「ノー」と言えばコーチの立場がなくなるので「イエス」と答えたものの、ちょっと違う打ち方をしただけで頑として自分のフォームを変えなかったと、僕に話してくれました。

その理由を僕が尋ねると、イチローさんは何秒間かの沈黙のあと、

「人の意見や評価ほど曖昧《あいまい》なものはないから」

と答えてくれました。

周りの言葉に惑わされず、自分の想いを貫き通す大切さを教えてくれる素晴らしい言葉です。じっと待ってよかったと、僕は思いました。

相手が言葉を切って考えているときには、つい何か言葉を投げてしまいがちですが、「それって、こういうことですか?」などと言葉を挟むと「そうですすね」で話が終わり、相手の本当の思いを聞き出せなくなってしまう確率が高くなります。

そういう失敗を回避するためにも、相手の人はすぐに答えが返ってくるタイプなのか、熟考して答えるタイプなのかは、最低限、事前に知っておくほうがいいと思います。

僕がインタビューしたアスリートの中で、熟考タイプの代表は、イチローさんのほかに、北島康介さん、体操の内村航平さん。みなさん、答えを言う前に

「うーん」と深く自分自身に問いかけてから言葉にしています。

答えが出てくるまでの間《ま》が長いと焦ることもありますが、真剣に考えてくれるのは有難いこと。僕はどこまでも根気強く待ちます。その間の沈黙は、けっして気まずいものではありません。

じっくり考えてくれる人と話すとき

1 「それってこういうことですか？」と聞くのをグッと我慢

2 すると、心の声が出てくる

24

修造流「聞き方」五つの心得

さまざまな取材から学んだこと

これまで述べたことのほかに、僕が人の話を聞くとき注意しているのは、次の五つです。「自分も同じだ」と思うところは、僕と一緒に改善していきましょう！

❶次の質問ばかり考えない

会議で誰かが発言しているとき、「次は自分に質問がまわってきそうだぞ。

指名されたら何を聞こうかな」と思ったことはありませんか？　でも、次の質問を考えながら相手の話もしっかり聞くというのは、かなり難しい。僕なら、確実に相手の話が耳に入らなくなります。そのとき相手が重要なことを話していたとしたら、自分にとって大きな損失になってしまいます。

❷「あ、それ知ってる」はNGワード

人の話を聞くときいちばん良くないのは、相手の話を途中で遮《さえぎ》ることです。「あ、それ知ってる」「聞いた聞いた」なんて言われたら、誰だって気分を害します。僕自身、たぶんこういうことをしていると思うので、すでに知っている話題でも初めて耳にする感覚で、「聞こう、聞こう」と努めています。

❸同じ答えの繰り返しにはいろんな角度から質問する

どんな質問をしても似たような答えしか返ってこない場合、僕はいろいろと角度を変えて質問します。

それでも変化がないときは、「今までおっしゃったことはよくわかりました。でも、僕らが聞きたいのはこういうことです」と正直に言うこともあります。もちろん、それで相手が傷つかない場合に限ります。

❹話が長い人はこちらから話題を切り替える

1から始めて10まで行かないと話が終わらない人もいます。こちらが欲しいのは八合目あたりの話なのに、そこまで到達するのに大変な時間がかかってしまいます。

時間が充分にあるなら、僕は100パーセント聞きます。時間がなくて話を止めざるを得ないときは、聞き役としていちばんしたくないことではありますが、「申し訳ありません、今日は時間があまりないんです」と自分のほうから話を切ります。

相手が一つの話を言い終わり息を吸い込むとき、パッと違う話に入ったり、

「ああ、なるほど！」

と大声で相槌《あいづち》を打って相手の話をいったん止め、「そういえば……」と別の話題に持っていくこともあります。これらはビジネスシーンでも使える方法だと思いますが、どんな言い方にせよ、相手に不快な思いをさせないように注意しましょう。

❺テンションの高い相手には「先ゾーン」で対応する

インタビューしているときの僕は、相手のしぐさや話し方のトーンなどからテンションを見極め、物静かな人には落ち着いて接するようにしています。

熱く語ってくれる方に対しては、「ここが大事だ」と思った部分で「えっ!?」と鋭く反応し、「それってどういうことですか!?」とピンポイントで聞き返します。

これを僕は「先ゾーン」と名付けています。ひとことでいえば、相手より先に、極度の集中力で高いパフォーマンスを発揮できる精神状態になることです。

初めは幅広くいろんな話をしますが、その中でキモの部分は詳しく語ってほしいので、僕が先ゾーン入りして「この話をしましょう」と、会話の枠をキュッと狭くしてしまうわけです。

普段の会話でも先ゾーンを意識すれば、大事なところで「えっ！　それは興味深いお話ですね。詳しく聞かせてください」と的を絞った聞き方ができるでしょう。

プレゼン

人前で話すのが苦手なあなたに

CHAPTER.3

PRESENTATION

25

準備さえすればプレゼンはこわくない！

文字にするとテーマも見つかる

高校1年のときの国語の授業に、みんなの前で一人15分ずつスピーチをする時間がありました。テストの点が悪くても、スピーチでちゃんと話せれば点数がプラスされます。

僕はテニスの話をしようと思いましたが、具体的な内容を考えず、練習もまったくせずに当日を迎えました。結果は、たった2分で絶句。ゼロ準備なんだから当然です。このときの国語の成績は最悪で、人前で話すことに苦手意識を持つようになってしまいました。

人前で話すときは、準備と練習がすべてです。

僕の永遠のテーマは「言葉足らず」で、自分のトークを見直しては、「こう言えばもっとわかりやすかったのに」と思います。でも、次こそはと練習を続けているうちに、言葉足らずは確実に減ってきました。

だから、講演、スピーチ、企画会議、プレゼン、テレビの仕事など、人前で自分の思いを言葉にするときは、**「とことん準備」**が僕の基本です。

まず、話したいテーマを思いつくまま紙に書き出します。

講演の場合、会場までわざわざ来て下さる人たちには、「松岡修造の話を聞けば元気とやる気をもらえるんじゃないか」という期待があると思うので、その期待に応えられるような話が不可欠です。でも、頭の中で考えるだけでは混乱してしまう。

そこで、文字にして「見える化」するわけです。

最初はなかなかいいテーマが浮かんでこなくて悩みますが、くだらないことでもとにかく全部書いていくと、「これだ！」と思えるものが必ず出てきます。

　話したい要素を書き出したら、次に流れを考えながら話す順番を考えます。スピーチ、プレゼンのように短い時間で話すときは、**話の柱を3本くらいに絞り込む**のがコツです。無駄な話がカットできますし、ストーリー性のある話としてまとまっていきます。

　こうして話の大まかな流れを決めたら、実際に話す内容を改めて紙に書きます。

　書くという行為は自分の考えを整理するうえで重要です。特に僕は忘れっぽいので、とにかく何でも書きとめておくようにしています。それだけで、かなり安心できるんです。

26

古舘さんに学んだ「誰でもわかる言葉」を使う大切さ

専門用語を徹底的にやめる

プレゼンの準備段階で必ずチェックするポイントがあります。誰にでもわかる言葉を使うことです。

たとえば、僕が講演でテニス用語を使ったら、その意味を知らない人は話に置いていかれたような気がします。その瞬間から話そのものへの関心を失ってしまうので、別の言葉に置き換えるか、説明を加えるようにしています。

僕が参考にしているのは古舘伊知郎さんの話し方です。

古舘さんは、知らない言葉はないというくらい、どんな話題でもよどみなく言葉が出てくる方ですが、**視聴者が少しでも疑問を感じるような言葉は避けています**。ニュースのつくりも、視聴者にとってのわかりやすさを最も重視しています。

みなさんも、社内のプレゼンなら専門用語や業界用語を使って問題ないでしょうが、不特定多数の人が聞くスピーチでは避けたほうがいいでしょう。自分の話を聞くのがどういう人たちなのか意識することは、とても重要です。

もう一つ、僕が古舘さんから学んだ大切なことがあります。それは、**人前で話すときにメモや原稿をできるだけ見ないようにする**ことです。

古舘さんは、ニュース原稿をすべて暗記しています。通常はニュース番組に用意されているプロンプター（ニュース原稿を映すモニター）もありません。

正しく伝えるためにプロンプターや原稿を見るのは悪いことではありませんが、自分の言葉で話すほうが伝わる度合いは間違いなく大きくなると感じたので、僕もメモや原稿になるべく頼らないよう心掛けました。初めは苦しかったけれど、慣れるとなんとかできるようになりました。講演やスピーチの練習をするときも、できるだけ紙を見ないようにしています。

みなさんが人前で話すときも、準備段階で話す内容を原稿にして整理することが大事ですが、本番でその紙に頼るのはお勧めできません。特にスピーチは、うつむいて原稿を棒読みされるほど聞き手にとってつまらないものはありません。

商談で契約を決めるときには、たった一つの言い間違いが命取りになることもありますが、スピーチは自分の思いを伝える場なので、少しくらい言葉を間違えたって気にしない！

原稿やメモは、頭が真っ白になったときの「保険」として持っておけばいいと思います。

27

プレゼンは「一人リハーサル」で決まる

全力の練習で本番がラクになる

本番で思いっきり「自分」を表現するためには、一にも二にも練習です。僕は、本番と同じ気持ちで何度も何度も一人リハーサルをしています。**家の中ではもちろん、散歩やジョギングをしながら声を出して練習する**こともあります。

ここで大切なのは、自分の話し方を客観的に確認すること。

自分の話をスマートフォンなどで録音して聞き直し、悪いクセが出ていないか、言葉やエピソードのチョイスは適切か、みんなに聞こえる声の大きさか、自分の思いをしっかりと伝えるために初めに何を言えばいいか、などをチェックします。鏡の前で姿勢やしぐさもチェックします。家族や友達に見てもらってもいいでしょう。

客観的視点からチェックすると、話の無駄な部分が取り除かれ、テーマがより明確になっていきます。新たなアイデアが出てきて、足りなかった部分が埋まることもあります。

一人リハーサルのやり方

1 隙あらば声を出して練習する

2 録音して内容・テンポをチェック

内容面のほか、**話すテンポ**も確認しておきたいポイントです。

話す側がずっとワンテンポで話していると、聞く側もワンテンポの聞き方になります。話す側がテンポを変えると、聞き方のテンポも変わってきます。

僕はそこを大事にしたいので、**話のポイントにきたら間《ま》をつくる**よう意識して練習します。「そこで僕が何を学んだかというと……決断力でした」というように。聞き手に「え、何?」と思わせるような時間をつくる感覚です。

今から大事なことを言いますよ、という雰囲気を出したあとの無音状態では、聞く人の集中度が一気に高まります。

こうした雰囲気づくりは、ジュニアの指導でもよくやっています。どういうところで間を作るかはTPOによって違うので、練習しながら決めていきましょう。何度も何度も練習するうちに、いいアイデアが出てきますよ。

28

心の中にツッコミ修造をおく!

第三者の視点でイメージ力を鍛える

プレゼンの準備や一人リハーサルのとき、僕がいつもやっているのは**「自分ツッコミ」**です。

準備段階では、話したいテーマやエピソードを紙に書き出しながら、**「なんだそれ? 何が言いたいんだ?」「その話を先に出したら面白くないだろ?」**などと、自分で自分にツッコミを入れていきます。

つまり、自分の話を第三者的にチェックし、疑問を呈《てい》するわけです。そうすると、その疑問に答えようとするので、どんどん話の内容ができあがっていきます。

一人リハーサルのときも、「どこかで聞いたことがある表現だな」「そんな例を出したって、聞く人はピンとこないぞ」とツッコミをどんどん入れていくと、話はより面白いものに仕上がっていきます。

僕の心の中には、いつも「ツッコミ修造」がいるんです。

僕が大事にしているのは、**「意外性」**。チェックするときに、「辻褄《つじつま》が合うかな」など、ミスのないようなチェックをする人は多いと思いますが、僕の場合は当たり前の話にならないようにツッコミを入れまくるんです。

相手が「えっ⁉ どういうこと？」と思うような意外性のある表現や喩《たと》え話を盛り込むことで、聞き手の心をグッと引き寄せることができると思っています。

たとえば、僕がテニスの指導で「ボールは体の前で打つ」と教えるとき、トップジュニアに対しては、「打点は前で取れ」と話すだけで言いたいことは伝わります。

でも、テニスを一つのスポーツとして楽しみたい子供たちにそう言っても、さっぱりイメージをつかめないし、テニスを面白いとも思えないでしょう。

そこで、「冷蔵庫を開けて、閉めて」と言います。冷蔵庫を開け閉めするときは、誰でも手を前に出すからです。すると子供たちは、「えっ、なんで冷蔵庫が出てくるの?」と意外に思い、面白がって冷蔵庫を開け閉めする動作をします。そのとき、「それだ!」とラケットを握らせ、「その感覚だよ」と教えます。

バックハンドなら、ヴァイオリンを弾く動作をさせて、「弓を持っているその手の感覚がバックハンドだよ」と教え、ラケットを持たせます。

普通、冷蔵庫やヴァイオリンとテニスは直接結び付きません。それをあえて例にもってくることで、「なんだろう?」「どういうこと?」と興味を引き出すわけです。

講演、スピーチ、プレゼンでも、「**普通じゃ考えられないような喩え**であればあるほど、聞き手の心をつかむことができる。それが松岡修造のトークなんだ」と思っているので、「どんな比喩《ひゆ》を使えばいいかな」「どういう例を出そうかな」と、意外性のある伝え方を求めてイメージを膨らませています。

トークで大事なのは、このイメージ力。本からヒントを得るのもいいと思いますが、それを自分の言葉に昇華できるかどうかは、イメージ力にかかっています。自分ツッコミは、イメージ力を鍛える上で、とても効果があると思います。

「とことん準備」と「一人プレゼン」での自分ツッコミ、ぜひみなさんもやってみてください。きっと、あなたらしい伝え方が見つかるはずですよ。

29

よっしゃあー、緊張してきた！今から俺は富士山だ！

緊張は「本気になっている証拠」と考える

「とことん準備」「一人リハーサル」を乗り越えたら、怖れるものはありません。そう断言したいところではありますが、まだ戦わなければならない敵がいます。「プレッシャー」というやつです。

僕は緊張と無縁の男だと思われているようですが、大勢の前で話すときは極度に緊張します。はっきり言って、どプレッシャー。本番30秒前には手がスーッと冷たくなり、体中に寒気が走るような感覚になります。

でも、こういう状態は嫌いではありません。緊張するのは、それだけ自分が本気になっている証拠。だから、みなさんも不安になることはありません。逆に、

「よっしゃあー、緊張してきた！」

と叫んじゃうくらいに自分を応援して、プレッシャーをプラス方向に持っていっちゃいましょう。

そのために僕が本番前にやっている瞑想《めいそう》法があります。

背筋を伸ばし、肩幅に足を開いて立ち、両腕をぶらりと下げて目を閉じます。そして、両腕を振り子のように大きく前後に揺らしながら、自分が大好きなものを思い浮かべます。

僕が思い浮かべるのは富士山です。「日本一」や「世界遺産」がポイントではありません。現役時代から、**富士山を思い浮かべるだけで自分らしさを取り戻すことができ、モチベーションが高まる**んです。

海外を転戦するときは富士山の写真を必ず持って行き、気持ちが崩れそうに

なるたびに取り出して眺めていました。そういう存在が、みなさんにもそれぞれにあるはずです。家族や恋人の笑顔、ペット、アイドル、アニメの主人公、田舎の風景、仕事終わりのビール……。大好きなものを思い浮かべて30秒経った頃には気持ちが落ち着いてきて、肝《きも》が据《す》わる感覚があるはずです。

講演会では、あえて「緊張しています」と言ってしまうこともあります。「こんにちは」と挨拶したあと、「今の僕の心境を伝えます」と言いながら客席に下りていき、お客さんに「僕の手を触ってみてください」とお願いします。そのときの手は氷のように冷たくなっています。

なぜこんなことをするのかというと、自分の一所懸命さを少しでも伝えたいからです。「松岡修造もこういうときは緊張するんだ」と親近感を持ってもらえれば、お客さんがその場の雰囲気に入りやすくなるのでは、という思いもあります。

ただし、これはあくまでも僕のやり方なので、マニュアルのように捉えないでください。

「緊張してますって言えばウケるぞ」という下心が見え見えでは、聞き手をしらけさせるのは確実です。問題は、「緊張しています」という言葉を、聞き手が気持ちよく聞けるかどうか。その判断を下すのはあなた自身です。

30

緊張したらダース・ベイダーになれ！

平静を取り戻す呼吸法

緊張したときは呼吸を意識することも大事だと、僕は思っています。

誰でも、緊張すると呼吸が速くなります。「緊張したら深呼吸しましょう」とよく言われるのは速くなった呼吸を元に戻すためですが、僕が提案するのは、「ダース・ベイダーのように、自分で呼吸をコントロールしましょう」という、より積極思考の深呼吸です。

映画の『スター・ウォーズ』シリーズを観ていて僕が感じたのは、ダース・

ベイダーはどんなシチュエーションでも呼吸が速くなることはほとんどない、ということです。生命維持装置が破壊された最期《さいご》のときを除いて、ルーク・スカイウォーカーと戦っているときでも、「ホーッ」のスピードに極端な変化はありませんでした。

つまり、ダース・ベイダーには自分の呼吸をコントロールする力があるんです。

僕の勝手な思い込みかもしれませんが、「いいな」と思ったことは何でも試してみるのが僕のやり方。やってみると、「自分の呼吸の音を聞ける状態＝心が安定した状態」だということに気付きました。みなさんも一度、試してみてください。

本番前に緊張してきたら、そのときからあなたはダース・ベイダー！

イメージしてほしいポイントは、あの**「ホーッ」という呼吸音**です。ダース・ベイダーのように自分の息が聞こえるくらい深呼吸し、その音に耳を傾けましょう。不安でざわついていた心がスーッと落ち着いていき、本来の自分を取り戻して本番に臨めるはずです。

これを本番前の「恒例の儀式」にして、自分で呼吸をコントロールする〝ダース・ベイダー力〟を身につけていけば、最終的にどんな状況でも自分の思いをスムーズに話せるようになると思います。

ベイダー式の呼吸音は
心をスーッとさせる

31

寝ている人がいたら、「楽しみにしてきただろうに。疲れてるに違いない」と考える

よく聞いてくれる人に話せばOK

本番の最大のポイントは、**自分自身がその場を「楽しいな～」と感じ、にこにこ笑いながら話す**ことです。

僕の経験では、「これは大事な話だからぜひとも伝えたい」と真面目になればなるほど聞き手は退屈し、確実に眠くなります。

不真面目にやれというのではありません。自分が笑顔になれば聞き手もリラ

ックスし、場の雰囲気もぐっとよくなり、集中して話を聞いてくれるようになるのです。極端な話、演技の笑顔でもいいんです。

「大袈裟《おおげさ》かな？」と思うほどゆっくり話すのも大切です。

伝えたい思いが強いと、人はどうしても早口になります。番組の録画や講演会の録音をチェックしてみると、自分では普通に喋っているつもりでも、思ったより早口で聞き取りにくいと感じたので、大袈裟すぎるほどゆっくりと話してみました。聞いてみると、それでちょうどいいのです。

心がまえとして大切なのは、**「全員を納得させることは無理」**ということです。はっきり言って、僕の講演会で寝ている人はたくさんいます。あの人はよそ見してる、あの人はお喋りしてる、といったことも壇上からはよく見えます。

正直なところ、めちゃくちゃ気になります。

「俺の話はそんなに退屈なのか」「一所懸命喋ってるのに、なんで寝るんだよ」と心が折れそうになることもあります。でも、そんなふうに捉えてもプラスになる要素なんてゼロ。寝ている人は、とても疲れているのかもしれません。

僕にもそういうことがありました。あるとき、とても楽しみにしていた講演会に「聞くぞモード」全開で出かけたのですが、たまたまその日はどうしようもなく疲れていて、途中で眠ってしまったんです。だから、僕の話を子守唄代わりにして眠っている人がいても、「きっとあのときの自分と同じような状況に違いない」と思うようにしています。

また、人にはそれぞれ聞く姿勢があるので、ずっと下を向いて目を閉じているからといって寝ているとは限りません。もしかしたら、ものすごく集中して話を聞いてくれているのかもしれません。

ですから僕は、「退屈そうにしている人や目を閉じている人がいても、あまり気にしないようにしよう」と心の中で自分に言い聞かせ、遠いところ、近いところ、真ん中と、ブロック分けするような感じで目線を動かすようにしています。

僕の言葉に頷いてくれる人は100人中少なくとも3人はいるので、そういう人を見つけて、順番に話しかけるようにするのです。そうすると、とても楽な気分で話せます。

なお、目線をあちこち動かせば、「ここにいる全員に話していますよ」という気持ちもアピールできます。大きな会場では目線の動きが後ろの人になかなかわからないので、顔を動かすようにするといいでしょう。

32

孔子の教えより、あなただけが経験した地獄の失敗談のほうが10倍面白い

格言の引用にも自分の体験談を足す

講演やスピーチでいちばんウケないのは作り話です。

実体験なら、そのときの自分の心の動きを克明に描写できるので、聞き手は感情移入しやすくなります。僕が講演会で必ずするのは柳川高校時代の話です。

「柳川では振り回しという練習を死ぬほどやりました。右、左と振られて、**もう走らされて走らされてっ！**」

と、どんなに苛酷《かこく》な練習だったか、どんなに頑張ったかをリアルに伝えます。再現フィルムさながら、舞台の端から端まで動きまわり、身ぶり手ぶりを交えながら当時の自分の気持ちを語るうちに、本当に死にそうな表情になっていることもあります。

「振り回しという地獄のような練習がありましてね。すごく苦しくなるわけですよ」と淡々と話すより、何百倍も聞き手の心を掴めます。

スピーチで誰かの言葉を引用する場合なら、自分自身の体験や感じ方を加えるようにするといいでしょう。

たとえば、日本でよく引用される孔子《こうし》の『論語』には、「過《あやま》ちて改めざる、これを過ちという」という名言がありますが、ただ単にこの言葉を引用して、「過ちに気付いたらすぐに改めたいものです」と言っても、聞く人の心は動きません。そこには、あなた自身の思いが詰まっていないからです。

人の言葉を引用するだけなら、誰にでもできます。壇上に立っているあなたが、その言葉をどう感じたのかが、聞き手にとっては一番の興味なんです。

そのためには実体験を話すしかありません。それも、成功談より失敗談のほうが聞く人の興味をそそります。成功談からその人の凄さを感じることも、もちろんありますが、「でも、それはあなただからできたことでしょう？」と思われてしまうこともあるからです。

失敗談を披露するなんて恥ずかしいと思うかもしれませんが、僕自身の経験では、間違いなくそのほうが聞く人の心をつかめます。

「じつは、私はこんな失敗をしたことがあるんです。みんなの前で大恥をかき、上司からは大目玉を喰らい、それはもう落ち込んで……」といった経験談を話せば、聞く人は、「そんな失敗をしていたのか。自分たちと同じじゃん」と、俄然、親近感が湧《わ》いてきます。

格言を引用する場合でも、「嫌な思いをして地獄の底まで落ち込んだとき、あの有名な言葉がふと思い浮かんで……」と、自分の経験やそのときの感情に結び付けて話すようにすれば、単なる引用ではなく自分自身の言葉になるので、より説得力が増し、共感を得られるはずです。

33

「あれ？ 何を話そうとしてたんだっけ？」頭が真っ白になったって、まわりは気づかない！

度忘れしたときのリカバリー術

大事なプレゼンが始まった瞬間、自分が言うべきことを完全に忘れて頭が真っ白になってしまったことがありませんか？

僕はしょっちゅうです。

「報道ステーション」でも、よく頭が真っ白になることがあります。

「まずこの話をして、次にこう展開して……」

と考えていたのに、本番10秒前の合図が出たとたん、パーンッ！

すべてが飛んでしまうんです。映像を見ているうちにそちらに入り込みすぎて話そうとしていたことが飛んだり、そこで話す予定ではないことを言ってしまうこともあります。

信じられないことに一度、北島康介さんの名前を度忘れしたことがありました。

「さあ、みなさん！　今日はこの方の登場です！」

次の瞬間、北島康介という名前がどこかに飛んでいってしまった。

「あれ？　誰でしたっけ？」なんて言えば、そこでキャスターとしての僕は終わりです。もう、しょうがない。

「オリンピックで2連覇、そして今、みなさん

度忘れしたときは周辺の情報を
言いながら思い出す

の期待を集めて……」

と、康介さんの周辺をぐるぐる回るような言葉を出していくうちに、名前が戻ってきました。関連することを思うままに話していくと、忘れていたことがスッと出てくるものです。

34

「絶対的ワード」だけ覚えていれば大丈夫！ 順番を間違えたくらいでは気にしな〜い

修正力でうまくいく

僕が現役を卒業して初めてテレビの仕事をしたのは、全米オープンテニスの解説でした。ただ試合を解説するだけでなく、マイク一本持って町を歩きながら人々の様子を伝えたり、会場を紹介するなど、いきなりナビゲーターの役割も務めました。

「思ったことを自由に話してください」と言われましたが、それくらい難しいものはありません。「ああ、また変なことを言っちゃった」の連続でした。

でも、あとでディレクターやスタッフに意見を聞くと、「噛《か》んだり間違ったりしても、ごまかすのがうまくてミスしたように見えないから大丈夫」と言われ、「完璧に話さなくても言いたいことは伝わるんだ」という自信になりました。

よく言えば「修正力」、別の言葉で言えば**「ごまかす力」**が僕にはあるようです。

テニスはミスしたときのリカバリーを考え、くじけそうになる自分の心を良い意味でごまかしていかないと勝てないので、その経験が活かされたのかもしれません。

人前で話すときも、「あ、しまった！」と思ったときに修正する力が大事です。修正力を身につける方法は、とにかく何度も何度も声に出して練習することです。

食事をするとき、「お箸の持ち方はこうだよな」と意識する人はいません。毎日の繰り返しの中で体に染みついているからです。

何度も練習しておけば、それと同じような感覚になるので、本番で大事な言葉を度忘れしても、何かしら別の言葉が出てきます。

「1→2→3」の順で話すつもりが「2」を先に言ってしまったときでも、「1」に戻って「3」に行けばいいんだと、いくらでも修正できます。頭が真っ白になっても、「ぜんぜん気にしな〜い」という感覚で対処できるわけです。

練習をするときに僕が心がけているのは、話の中で重要なポイントになる人や場所の名前など**「絶対的ワード」**を、しっかり頭の中に入れておくことです。

それでも度忘れしてしまうんですが、聞く側は意外と気付きません。

そもそも、人が話しているときに、「どれだけ緊張しているか見てやろう。あ、間違えた、ここも間違えた。この人、あがり性なんだ」と分析しながら聞いている人なんかいません。聞く人は、相手が何を話す予定なのか知らないのですから、間違えた個所さえわからないんです。

だから、みなさんがプレゼンやスピーチをするとき、言い間違いをそんなに気にする必要はありません。むしろ、間違いを気にしすぎて気持ちが入らなくなると、「つまらない話だな」と思われてしまいます。

何度も言いますが、心で話すことが大切。自分の心を言葉に乗せていく感覚も、練習を重ねる中でつかめるようになります。

35

発声練習は「ハッ！ハッ！ハッ！」でタイミングをつかむ

リズムが声をつくる

現役を退いてからの僕は、声を出していろんな人を応援することが生き甲斐になっています。でも、声を出すと必ず枯れてしまい、ナレーションの仕事にも影響してしまいます。

これではいけないと思って、作詞家・作曲家でヴォイストレーナーでもある岡田実音《みお》先生のトレーニングに通ったところ、声の出し方が劇的に変わりました。僕が学んだ発声練習を紹介しましょう。僕は「ハ」で練習したので、ここでも「ハ」を例にしています。

まず、**ジェットコースターをイメージ**してください。山なりのレールの上を徐々に登っていくと、「ピークに来た！」というワンポイントがあり、そこから一気にガックーン！　と落ちていきますよね。

発声も同じで、このピークのところで一気に声を出します。ピークのワンポイントを見つけることが、いちばん大事です。そこでお腹と声帯に意識を集中させると、一気に「ハッ」と声を発することができます。

そして、ジェットコースターにいくつも山があるように、自分でピークをたくさんつくり、連続して「ハッ」「ハッ」「ハッ」と発声する感覚を保つと、ものすごく綺麗な発声ができるようになるんです。

この練習には、テレビゲームをイメージするとい

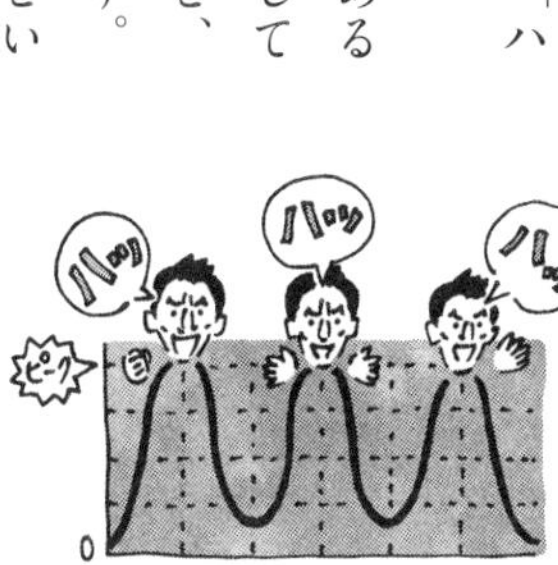

ピークのポイントで発声する

いかもしれません。

たとえばゴルフゲームなどで、ゲージの中を目盛りが上下に動いて、いちばん上の最高値のところでタイミングよくボタンを押すと遠くに飛ぶ、というものがあります。

これと同じで、てっぺんのタイミングを狙って声を出すのです。

ギューン……　てっぺんだ！　「ハッ」

発声もまったく同じで、てっぺんのタイミングをきちっととらえれば、しっかり声が出ると、岡田先生から教えていただきました。

36

「あ」「い」「う」「え」「お」よ、コンドルのように飛んでいけ！

母音を遠くに飛ばす

発声についてもうひとつの重要ポイントは、母音《ぼいん》を意識することです。

ハ行（ha、hi、hu、he、ho）であれ、カ行やサ行であれ、声を出したとき最後に残るのは母音の「あいうえお（a、i、u、e、o）」です。「ハ（ha）」と言えば「あ（a）」が残り、「く（ku）」と言えば「う（u）」が必ず残ります。

この母音を、とにかく伸ばすことが大事。「ハ」だったら、母音の「あ（a）」

をしっかり伸ばすことが、この練習のいちばんのメインです。

舞台俳優さんも、発声練習のとき「あー、えー、いー、おー、えー、おー、あー、うー」と母音を伸ばしたり、歌詞を母音だけにして歌の練習をするくらい、母音は重要です。

そのとき声帯を傷《いた》めないようにするには、母音をお腹から出して壁にぶつけるイメージを持つことです。

「ハ」の場合なら、お腹の中に「は（ha）」が入っているのをイメージし、特に母音の「あ（a）」に意識を集めて、お腹から一気にのどを通して口から飛び出させ、1メートル先の壁に当てる感覚で声を出します。

次は5メートル先の壁に、さらにその次は、向こうのビルまで届かせるイメージで声を出していきます。「あ（a）」という文字が遠く

母音を遠くまで飛ばす

まで飛んでいくシーンを、リアルに思い浮かべることがポイントです。そうすると、喉から声を出さなくても声が出るようになります。

さあ、やってみましょう。どうですか？　当たりましたか？

遠くへ飛ばせないときは、「ハー」ではなく「ハッ」と区切りながら発音しましょう。それも難しければ、手拍子を打ちながらやってみてください。手は緩く叩くのではなく、強くリズミカルにたたきます。そうすることで、インパクトのリズムをつくるわけです。

手を叩くのと同時に「ハッ」。これを繰り返し、リズミカルに声が出て母音の「あ」が飛んでいくようになると、歯切れ良い「ハ」になるはずです。

この発声練習をするようになってから、僕は以前よりグンと綺麗な発声ができるようになりました。また、大声で応援しても声がかれなくなりました。お腹から声を出すので、声帯を酷使せずにすむからです。

声の出し方を覚えると、表現力もついてきますよ。

37

「今日から松岡修造になりきって熱く話せ」そんなこと言われて実行できますか？

誰かになりきろうとしない

話し方に関して、「口べたな自分と違うキャラをつくればいい」「○○さんになったつもりで話すといい」という意見もあるようですが、つくられたキャラクターに、人はあまり共感できないだろうと思います。

たとえばあなたは、「今日から松岡修造になったつもりで熱く話せ」と言われて実行できますか？

断言できます。絶対に無理です。

なぜなら、本当の自分ではないからです。無理してやっても、「こいつ、おかしいんじゃないの？」と思われるだけです。

自分とは違う誰かになるという方法論はメンタルトレーニングにもありますが、なりきることは相当難しい。自分のキャラクターを大切にして話すほうが、よほど簡単です。少なくとも僕は、そういう話し方のほうが好きです。

以前、ある表彰式に出席したときに、こんなことがありました。受賞者のワタナベさんという方がスピーチをするため壇上に立ったのですが、そういうことは得意ではなかったのでしょう、「ワタナベです」と言ったきり30秒くらい絶句し、「……すみません、緊張しています。もう1回やらせてください。ワタナベです」と最初からやり直されたのです。そこで一気に会場がなごやかな空気になりました。

それだけで、ワタナベさんの真面目で素朴な人柄が充分に伝わってきました。スピーチで絶句してしまうのは「成功」とは言えませんが、緊張したからこその良さ、というのもあるんです。

人の言葉を参考にしたり、話し方の良い部分を取り入れることは僕にもありますが、それを自分なりに消化し、あくまでも松岡修造として話しています。誰かになりきろうとしても別人になれるわけではないし、素の自分の良さを消してしまう危険性もあります。

教育評論家の「尾木ママ」こと尾木《おぎ》直樹先生の声は、言語学者から「マザリーズ——癒《いや》しの母性に満ちた声」と言われるそうです。柔和な口調と物腰から「ママキャラ」と言われる尾木先生ですが、以前はやや硬い正統派の語り口で教育を論じていました。でも、なぜか耳を傾けてもらえない。ところが、もともとの自分の個性である女性的で優しい喋り方にしたとたん、みんなが話を聞いてくれるようになったということを、僕は新聞で知りました。

以前の尾木先生は、どこかで自分をコントロールして「違う人」になっていたのかもしれません。心がちょっと無理をしていた、とも言えます。その心が、素の自分を出すことによって解放され、感じたことを率直に言葉にできるようになったのでしょう。

今の尾木先生の穏やかな話し方は、作りものではない本当の自分。だからこそ、聞いている人の心にストレートに響くのだと思います。自分らしく話せば伝わり方も変わり、より強く人の心に届くパワーになっていくはずです。

38 呼吸以外に空気を出すのはお尻の穴だけ。そこを締めなきゃ気持ちも緩んでしまう

ここぞの場面で集中を高める

緊張をほぐすためのテクニックを持っていると、気持ちの切り替えが早くなります。

僕の場合、お尻の穴を締める。人生哲学で「絶対積極」を唱えた中村天風《てんぷう》先生の教えから取り入れた方法です。「クンバカハ法」といって、本来は座禅《ざぜん》を組むときにやるものですが、大勢の前で話をするときや、何か一つのことに集

中するときに実行してみたら、明らかな効果を実感できました。**ぐっとお尻の穴を閉じると一瞬で集中できて、ドンと構えていられます**。みなさんもやり方を覚えれば、本当に変われると思います。

お尻の穴を締めると、体じゅうのエネルギーが一つになって気持ちが安定する感覚があります。腹が据わる状態です。下腹を意識することで姿勢も良くなります。

あくまでも僕の解釈ですが、開けておくと悪いものだけでなく良いものも流れ出してしまうような気がします。人間が呼吸以外で自分の中から空気を出すところは基本的にお尻の穴以外にはないので、そこを締めておかないと気持ちが緩み、何をやるにも引き締まらないように思います。

お尻の穴を締めるのは簡単なように思えますが、締め続けるのはなかなか難しい。最初は一瞬しかできないかもしれませんが、「締めよう、締めよう」と意識してやっていくと、必ずできるようになります。変化は、声に出してみるとわかります。

お尻を意識せずに「こんにちは！」と言うのと、締めて言うのとでは、気合の入り方がまったく違います。

僕も初めの頃は意識して締めていましたが、今では「ここぞ！」という場面になると勝手に締まるようになりました。

39

あなたも応援メッセージをつくってみよう!

表現力が自然に磨かれる

僕のオフィシャルサイトに、「応援メッセージ（こんなあなたに）」というコーナーがあります。取材先でみんなを元気づけるようなメッセージを思いついたら、その場で話の内容をパッと考えて20秒くらいで喋り、その映像をマネージャーに撮ってもらっています。

たとえば富士山に行ったら、「富士山で何か話せないかな」と考えます。でも、普通に「富士山とはこういう山です」と説明しても面白くない。僕の中には「富士山＝日本一の山＝いちばん」というイメージがあるので、生きる目標をなかなか持てない人に向けて「富士山のようにいちばんになる目標」というキーワードを使ったらどうだろう、と思いつきます。それを自分の言葉にすると、こんな喋りになりました。

「いちばんになるって言っただろ？　富士山のように日本一になるって言っただろ？　お前、昔を思い出せよ！　今日からお前は富士山だっ‼」

僕としては、かなり考えた内容です。「なんでこんなところでこんなことを言うの？」というおかしさによって説教っぽさを消しつつ、「富士山の心になれば変われる」という思いを込めています。「おまえは富士山だ」と断言されても、見ている人は「いや、違いますよ」と思うかもしれませんが、「そうか、考えてみればそういう捉え方もあるよね」と受け止めてもらえればいいな、と思っています。

みなさんも自分で「応援メッセージ」をつくってみてはいかがでしょうか。**何を素材にするか、その素材から何を感じ取り、どう伝えるか**。僕に負けないくらいの全力スマッシュでお願いします！

自分を表現するプレゼンの練習として、これ以上のものはないと思います。

やってみると、「ある状況の中で何を最も伝えたいのか」の感覚がつかめてきます。僕のように叫んだり動き回ったりする必要はありません。より面白く伝えるにはどうすればいいかをそれぞれの発想で考え、自分なりの「応援メッセージ」をつくってみるといいと思います。

応援メッセージのつくり方

1　いつでもネタを探す

2　応援キーワードにして全力で伝える

40

プレゼンの前に自分に言い聞かせる。「おまえは愛の伝道師だ！」

「日本人は情熱が足りない」にさようなら！

プレゼンで大事なことは、**提示する案や商品への愛情の深さ**だと思います。

僕はＣＭに出ている商品をプライベートでも愛用しています。宣伝の仕事をするからではなく、その商品がとことん好きだからです。「好き」という思いを１００パーセントＣＭに込めながらも、それがひとりよがりにならないよう、どんなふうに使ったり食べたり着こなしたりするか、熟知したくなるんです。

そして、その商品の良さをどういうイメージで伝えるかを真剣に考えます。

みなさんも会社でプレゼンをするとき、単にトークとして「見てください、すごいでしょ」とアピールするのではなく、「この商品のここが素晴らしいんだ、この企画が実現すれば会社は絶対に良くなるんだ！」という愛情と情熱を100パーセント伝える気持ちでやってみてください。

企画・愛、商品・愛。あなたは愛の伝道師です。

情熱を込めた言葉が、どれだけ人の心を動かすか——。2020年夏季オリンピック・パラリンピックの東京開催を決定づけた日本チームの最終プレゼンをテレビで観て、みなさんはそう感じたのではないでしょうか。

あの日の夜、東京招致に力を注いできた人たちが都心の会場に集まりました。僕はそのイベントの司会を務め、巨大モニターに映し出されるスピーチや投票のようすを一緒に見守りました。日付が変わって早朝。IOCのロゲ会長が「TOKYO」と告げた瞬間、会場は拍手と歓声の渦《うず》。僕はその場にしゃがみこみ、それから数分間のことは何も覚えていません。あとから周りの人たちに、

「号泣していたよ」と言われました。

僕はあの最終プレゼンで、日本人の心の強さと情熱を感じさせてもらいました。

たとえば、「今、私がここにいるのはスポーツに救われたからです」と笑顔で前置きし、自らのつらい体験とスポーツの素晴らしさを語った、パラリンピック陸上選手の佐藤真海《まみ》さん。彼女は、今回のプレゼンテーションをプロデュースしたイギリスの方と何度も何度も練習し、直前まで試行錯誤していましたが、最後は「感じたままを話そう」と決意して本番に臨んだそうです。率直な思いが前面に出ていました。

竹田恆和《つねかず》JOC会長は、最後に「東京に投票してください！」と三度もおっしゃいました。今までの日本人は、こういう場面では控えめに「どうかよろしくお願いします」と言うのが普通でしたが、本音をダイレクトに伝えたことで、日本の情熱と自信を、より強くアピールできたと感じました。

伝えるテクニックも重要かもしれませんが、プレゼンターの思いと日本中の応援が一つになったからこそ、ＩＯＣ委員たちの心を動かす大きな力になったのでしょう。

オリンピック・パラリンピック招致のプレゼンは、世界一緊張するプレゼンだと思います。

なぜなら、目指すものは「金メダル」しかないからです。実際の競技には金銀銅のメダルがありますが、招致をめぐるコンペティションは「金か、ゼロか」の戦い。ライバルに敗れたけど銀メダルだからよくやったね、なんてありえない。

ことに今回は接戦で、「最終プレゼンが決め手になった。スピーチの内容が素晴らしかっただけでなく、日本人ってこんなに情熱的だったのかとビックリするほど、『東京で、日本で、開催したい』という思いがしっかり伝わった」というのが関係者に共通する意見です。

これは、今までの日本人に最も足りないと言われていた部分です。でも、**世界でいちばん緊張するプレゼンで、日本はそれができたん**です。

「僕らでもできるんだ。話し下手じゃないじゃん、日本人」という感覚が、多くの人の心の中に芽生えたのではないでしょうか。

あの最終プレゼンは、人前で話すことに対する日本人の意識を大きく変えたと言えるかもしれません。

41

「勘違いするな、修造！」とメモを手元においておく

調子に乗りすぎを抑える

「ここは笑ってもらおう」というところで顔をしかめる人がいると、ガクッときます。心の中で「気にするな」と自分に言い聞かせることもあるし、「今はつまらなそうな顔をしてるけど、本当はそういう人じゃないはずだ。絶対に笑わせよう」とチャレンジ精神をかきたてられるときもあります。

こちらが笑わそうとしているのに何の反応もなければ、僕の意図がきちんと伝わっていないということ。

「あの人を笑わすにはどうすればいいか」を考えながら話すのは、自分の喋りを向上させることにもなります。

僕は、ターゲットにした人が笑ってくれたらその人のところまで下りていき、**「今、この方が初めて笑ってくれました」**と言うこともあります。直接話してみると、じつはものすごくいい人だったりするんです。

みなさんがスピーチをするときにも言えることだと思いますが、いくらいい話でも、テンポのメリハリがないと聞いている人は退屈してきます。笑いとシリアスな話とのギャップが大きければ大きいほど、伝えたいポイントが聞く人の心に強く入っていきます。

僕が柳川高校時代の話で最も伝えたいのは、厳しい練習や学校生活がその後の僕にどう役立ったのか、という点です。爆笑のあとでその思いを語るとき、僕の話し方のトーンは、それまでとはがらりと違ってきます。そこでお客さんが「うん、うん」と頷いてくれると、「ああ、心が通い合ってるな」と嬉しくなり、話にさらに熱がこもります。

ただ、そこでいい気になると話が説教っぽくなってしまうので、手元の紙に赤い字で「勘違いするな！」と書き、話が違う方向性に行かないよう注意しています。

コミュニケーションを
深めるプラスアルファ

もっと!

CHAPTER.4

MORE!

42

話したくてもガチガチに緊張して話せない。それが普通だ、それでいいんだ！

初対面の人と話すとき

仕事の会合やパーティーで、初対面の人と同じテーブルになったとき、何を話していいのかわからず、気まずい思いをしたことがありませんか？

僕にも経験があります。相手が気難しそうな人なら、なおさらです。そんなとき、「何か話さなきゃ、話さなきゃ」と思うと心の負担が大きくなり、会話そのものが億劫《おっくう》になってきます。**初対面で緊張するのは当然。**それが普通なんだと思えば、気が楽になります。

あなた自身が話したいと思うのなら、まず相手の心の中を想像してみましょう。

知らない人ばかりで気後れしているのかな？

話したいのに緊張して言葉が出てこないのかな？

本当に誰とも話したくないのかな？

相手がものすごく緊張していて、「話したいんだけど、どうやったら話せるかな」と思っているようなら、僕は自分のほうから積極的に話しかけていきます。そのときは、「今日はいい天気ですねぇ」と、いきなり**天気の話から始めないように心がけています**。天気の話をするのはけっして悪いことではありませんが、どこか逃げている気がするからです。

僕の場合、自分が会話を引っ張っていくより、相手にたくさん話してもらうほうが気持ち的に楽なので、「？」をつけて言葉のキャッチボールをしやすくしています。

たとえば、「どこからいらしたんですか?」「新郎とはお付き合いが長いんですか?」などと、素直な好奇心から話を切り出すわけです。「北海道から来たんですよ」と返ってくれば、「北海道はこれが有名なんですよね」と、土地のことを話題にできます。「小学校以来の親友なんです」ということなら、「僕は高校で一緒だったんです。子供の頃はどんなでした?」といった話もできます。

こうした言葉のキャッチボールによって、足りない部分を一つひとつ足していくのが会話です。自分からボールを投げなければ、会話は成り立ちません。

仕事関係者の会合でも、「今日取り上げられたテーマについて、私はこう思いました。あなたはどんな感想を持たれましたか?」などと、**「?」を付けて自分から話しかけるようにすれば、得るものは多い**と思います。相手が胸に社名や名前の入った名札を付けているなら、「○○さん」と名前で呼びかけ、その会社のことを頭に置いて話すようにするといいでしょう。

それでも会話が続かないこともあります。人間には相性もあるので、しかたのないことです。仕事以外で「どうしても波長が合わない」と感じるなら、会話がなくてもその場は成立するはずなので、無理をして話す必要はないんじゃないかな、と僕は思います。

この章では、コミュニケーションのあり方について、一歩踏み込んで考えてみたいと思います。ビジネスや日常生活における場面状況別の対処法も僕なりの経験から取り上げていきますので、自分に向いていると思ったら参考にしてください。

43

人には「心の縄張り」があると知っておこう

自然な距離で話す

あるテレビ番組で、面白い実験をしていました。エレベーターの中で見ず知らずの人と一緒になったとき、日本人と外国人では反応がどう違うかを調べる実験です。

外国人の多くは「ハーイ!」と挨拶。外国人同士が乗り合わせると、ほぼ100パーセントの確率で「ハーイ、どこから来たの?」などと話しかけていました。一緒のエレベーターに乗っていて話しかけないのは、礼儀としておかしいという感覚のようです。

一方、日本人の場合は、ほぼ全員が階数表示の文字盤を見上げたまま無言。見ず知らずの人に気安く話しかけるのは失礼だ、という感覚があるからでしょう。どちらが良いとか悪いとかの問題ではなく、心の距離のとり方には、民族や文化による違いがあるのです。

心の距離のとり方に関して、社会心理学には「パーソナル・スペース」という考え方があるそうです。自分を中心に円を描いたとき、他人が自分に近づくことを許せる範囲（相手との物理的な距離）のことで、次の四つに大別されています。

❶密接距離（0~45センチメートル） 体に容易に触れられる距離。家族や恋人など、ごく親しい人に許される空間。それ以外の人がこの距離に近付くと不安感や不快感を覚える。

❷個体距離（45〜120センチメートル） 相手の表情が読み取れる距離。双方が手を伸ばせば触れることができる。友人同士の会話でよくとられる距離。

❸社会距離（120〜350センチメートル） 相手に触れることはできないが、容易に会話ができる距離。仕事で上司と接するときなどにとられる距離。

❹公共距離（350センチメートル以上） 複数の相手が見渡せる距離。講演会、公式な場での対面などでとられる距離。

パーソナル・スペースは、「心の縄張り」のようなものです。

エレベーターで見知らぬ人と一緒になったとき階数表示を見つめるのも、本来は入ってきてほしくない心の縄張りに他人が入ってきたことで防衛本能が働き、別のものに意識を集中することで不安感や不快感をまぎらわせようとしている、と言えるのだそうです。

つまり、人間は相手との関係性に応じて、**距離感を自然に使い分けているわ**けです。そのことを、僕はとても興味深く感じました。

「恋人と話すときの距離は何センチ、部長と話すときは何センチ」まで考える必要はないと思いますが、人には心理的な縄張りがあるということを知っておけば、TPOに応じて気持ちのよいコミュニケーションを築くことができそうです。

パーソナル・スペースには文化や民族、男女や個人の性格などによる差があり、一般に欧米人は日本人よりもパーソナル・スペースが狭い（ある程度近付いても不快に感じない）そうです。

でも、他人の世界にズカズカ入り込んではいけないという慎み深さや思いやりは、日本特有の文化の一つだと思うので、僕は悪いとは感じません。

ただ、初対面でもフランクに語りかける文化やマナーが定着している国では、自分もそれに合わせるほうが溶け込みやすい。

「郷に入れば郷に従え」です。

44

初めてのお宅でいきなりシャワー。ビックリが心のバリアを取り除く！

相手の懐に飛び込む

「くいしん坊！　万才」の取材で僕が心がけているのは、心の距離を縮めることです。

この番組に出てくださるのは一般の方々。テレビカメラで撮影されながら食事を出すなんて経験は初めてのはずですし、おそらく一生に一度のことでしょう。だからこそ、僕はできるだけそれぞれのお宅の雰囲気を壊さないよう、お客さん然とせず、失礼ギリギリのところまで遠慮せずに振る舞います。料理はどんどんお代わりするし、毎度、マネージャーがヒヤヒヤするほどくつろいだ空気をマイペースにつくってしまいます。

「こんにちは！　今日はよろしくお願いします。すみませんがお風呂場を貸してください」

と、訪問したお宅でいきなりシャワーを浴びることもあります。洗面所やお風呂場は他人には見られたくない場所なので、99パーセント「ええっ！　困ります、汚れてるし」と言われますが、「いや、僕はそんなのぜんぜん気にしませんから」となんとか許可をいただきます。

撮影の準備の間、**台所で「ビリーズ・ブートキャンプ」**をやることもあります。普段から、少しでも待ち時間があればトレーニングをしているので、よそのお宅でも自然体が一番かな、と思っているんです。もちろん、相手の方はビックリします。たぶん内心では、「こいつ、大丈夫か？」と思っているでしょう。

「僕は妻とこういうことで喧嘩になるんです。どうしてかなあ」

と、料理とまったく関係のない話をすることもあります。

なぜ、こんなことをするのかというと、リラックスして普段通りの会話をしてほしいからです。

心のバリアを取り払い、東京から息子の友達が遊びに来たような感覚で話していただくのが、僕としてはいちばん嬉しいんです。

実際に、「やだ～、修造さんったらなに言ってんの！」「人んちの台所で体操なんかして、あんたほんとに変わってるねえ！」と、1回パシーンと叩いてもらえるくらい気持ちがほぐれると、出来上がった映像からは、その方の笑顔とともに人柄の温かさが立ち上ってくるんです。

単に料理や食材の説明だけでなく、「人間味」を伝えることが「くいしん坊！万才」の良さであり、すべてだと僕は思っています。

訪問先で「ビリーズ・ブートキャンプ」
してリラックスしてもらう

そして、取材を終えて帰るとき、

「修ちゃん、またいつでも来いよ」

と言っていただける存在になることをめざしています。

45

言葉よりもGIVE！修造流・英語術

相手にしてあげられることをする

僕が初めてのお宅でも遠慮せずに振る舞えるのは、プロテニスプレーヤーの下積み時代にホームステイをした経験が大きいと思います。海外のローカルな大会を転戦し、まだ英語もうまく話せない状態で、見ず知らずの一般家庭に寝泊まりして食事をする生活を通して、どうすればお互いに楽しくすごせるかの術を身につけることができました。

裕福な家庭もあれば、家にベッドが一つしかない家庭もありました。それでも快く受け入れてくれたことに感謝し、世界にはいろんな人たちが生きていることを実感できました。

基本的にホームステイというのは、相手のお宅が「ウェルカム」だから成り立つものです。日本人を迎え入れてくれる家族は、日本の文化をいろいろ教えてもらおうと楽しみにしているし、自分たちの国や地域の文化を伝えたいと思っています。

ところが今、海外でホームステイをしている日本人の中には、部屋にこもりがちで、ホストファミリーと食事をしても感想を言わず、片付けも手伝わない人が少数ながらいると聞きます。これは日本人として恥ずかしいことだし、せっかくの文化交流のチャンスを自分で潰しているのと同じで、とてももったいないことだと思います。

いちばん怖いのは、「あの日本人は無愛想で楽しくなかったね」という印象が、日本人全体や日本という国のイメージにつながってしまうことです。これはとても深刻な問題だと思います。

たとえ短期間の滞在であっても、海外に出たら「自分は日本代表なんだ」という意識を持つべきでしょう。

コミュニケーションはシーソーのようなもので、お互いの言葉や行動によってギッタン、バッコンができます。自分からアクションを起こさないと、シーソーは動きません。

何も動かないほうが自分は楽かもしれませんが、相手の心は傷つきます。コミュニケーションのいちばんの基本は、相手につらい思いやイヤな思いをさせないことではないでしょうか。

同じ「楽」という字なら、「自分がラクをする」のではなく、「お互いにたのしくなる」ことを考えるようにしたいですね。

最初は英語で話すのが怖いかもしれませんが、簡単な単語を並べるだけでも、自分から話すようにすれば絶対に楽しくなります。

僕もそうでした。

英語がよくわからない自分に対して、少しでも気持ちよく過ごせるようにしてくれている相手の気持ちになってみれば、何をすればいいかも、おのずとわかってきます。

家事を手伝うのでもいいし、日本の本や雑誌を見せてあげるのでもいいし、テニスが得意なら教えてあげるのもいい。

自分から率先してできることをしていけば相手も楽しめて、お互いの心がイコールになっていきます。

46

人の悪口は言葉に出す前に除菌しろ!

話が盛り上がったときほど注意する

他人の悪口を言うときほど、人が生き生きしていることはありません。

「こんな悪い人がいる」と話すことで、「俺はその人よりいい人なんだ」と安心できるからなのかもしれません。聞く側も、「それでそれで?」と目を輝かせます。**人の悪口は甘いポイズン（毒）のようなものです**。

自分の話をみんなが興味津々で聞いていると嬉しくなるので、つい、話に尾ひれ背びれがついてしまいます。

「そういえば、こういうこともあった。あ、こんなこともあったっけ」と、どんどん話を大きくしてしまうわけです。

これは悪口だけでなく、面白い話にも言えることなので、**僕は自分の話がウケているときほど注意するようにしています**。

目を輝かせて悪口を聞いていた人も、ふと冷静になれば、「この人、こういうことを平気で言うんだ。自分のことも陰で何か言ってるんじゃないか？」と思うはず。これはとても怖いことです。まさにポイズンですね。

また、自分が言っていることは、相手も言っている可能性があります。悪口は、すべて自分に返ってくるんです。プラス要素は一つもありません。

悪口を言いたくなったら、口に出す前に心の中を徹底除菌！　心に溜めこんでいた悪いものを一掃し、もっと楽しい話題を探しましょう。

人の言葉の一部分だけでその人を決めつけることも、僕は絶対しないようにしています。Aさんと10の話をしたのに、そのうちの3の部分だけを強調して「Aさんはこういう人だよ」と誰かに言えば、誤解を生んでしまうからです。

47

会話は演技。相手の性格や場の空気を読んで役者になりきろう

演じるうちに輝いてくる

誰でも、家族以外の相手と話すときには「騙し」があります。

たとえば、商談のとき風邪気味で頭がボーッとしていても、相手に向かって「どうでもいいっすよ〜」とだるそうに言う人はいないでしょう。体調が悪くても、自分の心や体を騙しながらにこやかに話している。それを「本当の自分じゃない」とは思わないはずです。

僕が言う騙しは、状況に合わせて自分をコントロールし、消極的ではない自分を演じることです。

苦手な相手にも笑顔で接する、プレゼンで堂々とふるまうなど、セルフイメージとして役者になりきることは、どんな仕事にも必要です。初めのうちは、自分にウソをついているようで抵抗があるかもしれませんが、「人間関係を良くしたい」「企画を通したい」といった明確な目的があれば、演技はイヤなことではないはずです。

「でも、演じるなんて難しいよ」と感じるかもしれませんが、みなさんはすでに充分に演じていると思います。同僚と飲んでいるときは「部長ってほんとにムカつく。だいたいあのおっさんは……」なんて言っていても、その部長の前で「おっさん」なんて言わないですよね。笑顔で話しているでしょう?

それでいいんです。相手を傷つけるような嘘はいけませんが、**結果としてその場がなごやかになるなら、騙しも演技もＯＫ**です。

相手の性格やその場の雰囲気を読み、賢く頭を使って接し方や話し方を変えていくために、いろいろなパターンのキャラクターを自分の中に持つのもいいと思います。

ただし、自分の中に核となるキャラクターを一つ持っておくことが大切です。僕であれば、「熱い、本気、一所懸命」という自分本来のキャラ。そういう核があれば、いろんな役柄を演じやすくなり、もっと輝くことができると思います。

いちばん怖いのは、核となるキャラクターが誰かのコピーになってしまうこと。「これは自分じゃない。本当の自分はどれだっけ」と迷いが生じ、どんどん暗い方向にいってしまう可能性があります。

自分というものをしっかり持ったうえで、さまざまなキャラクターを演じ分けることも「素の自分」の一部として出していけるようになれば、「演じている俺ってイヤなやつ」というマイナス感覚にはなりません。

むしろ、役者さんになったような気分の良さを味わえるでしょう。僕も、そういう力をもっと持てるようになりたいと思っています。

48
ジャンプ界のレジェンドは「上司の鑑」！

葛西紀明さんの前向きトークに学ぼう

２０１４年ソチ冬季オリンピックのスキージャンプラージヒル（ＬＨ）個人で、みごと銀メダルを獲得した葛西紀明《かさいのりあき》さん。ジャンプの日本勢のメダルは、１９９８年の長野冬季五輪以来16年ぶり。葛西さんご自身のメダル獲得は、94年リレハンメル大会団体銀メダル以来、じつに20年ぶりのこと。しかも、41歳で七度目のオリンピック。この銀メダルは超快挙です！

ソチで取材をしていて強く感じたのは、葛西さんの**トークや行動がものすご**

く前向きだったことです。笑顔で明るく、メディアに対する受け答えは完璧でした。

はたから見ても、明らかにオリンピックを楽しんでいるんです。「楽しむ」とは「気楽に遊ぶ」ことではなく、**自分のパフォーマンスを100パーセント出すためにすべてを受け入れている**、という意味です。初めから「メダルを狙います」と言っていましたが、それは自分に対して言い聞かせているような印象も受けました。

僕は意外でした。今まで長いあいだ取材してきて、葛西さんに対して「神経質な方なのかな」というイメージを持っていたんです。周りの人とはあまり喋らず、気持ちを競技に向けてグーッと狭めていくタイプで、ちょっとしたことにも繊細に反応する方なのかな、と思っていました。

それがどうして変わったのか。これは僕の想像ですが、ソチオリンピックでは日本選手団の主将になったことが大きかったのではないでしょうか。

主将になったことで、前向きな自分というものが引き出され、トークにも行動にもいい影響を及ぼしたのかもしれません。

モーグルの上村愛子さんやジャンプの髙梨沙羅《たかなしさら》さんの試合が夜遅くにあっても会場に来て応援し、メディアにもきちんと対応していた姿も印象的でした。

上村さんの試合のあとお会いしたとき、「そこまでしなくてもいいのでは？」と僕が言うと、「これは主将の一つの役割です。それに、メダルを逃した選手の悔しさや思いをきちっと受け止めたい。それをすべて、自分の力にしたいんです」と、おっしゃっていました。

葛西主将のもとでオリンピックを戦えたら幸せだろうな、と僕は思いました。

日本選手団の主将になるのは名誉なことですが、そのぶん注目もされるし、いろいろな気配りも必要で、「主将になるとメダル獲得は難しい」と言われるほど大変な役目です。そのため、「主将にはなりたくない」という選手も少なくないようです。

ビジネスシーンでも、「責任ある立場にはなりたくない」「課長になりたくないのに、なっちゃった」という人はいるでしょう。でも、「嫌だなあ」と消極的に捉えてばかりでは、その空気が周りに伝染し、職場の雰囲気は悪くなってしまいます。

人間というのは、**笑顔で前向きに考えたり発言したりするほうが、確実に気の通りが良くなり、行動も積極的になっていく**はず。葛西さんも、主将という重責を努力して前向きに捉えているように見えました。

そういうことができる方だからこそ、世界中の競技者から「レジェンド」と呼ばれ、敬愛されているのでしょう。

49

ムカッとしたら、心の中で「お・も・い・や・り」

言い返すと損をする

上司に怒られているとき、途中で反論したくなることがありませんか？

たとえ反論する根拠があっても、話を遮れば相手を敵に回すことになるので、自分の得にはなりません。そんなときは、まず「はい」と返事をすると、話を聞く態勢に無理なく入っていけます。一拍おくことで冷静になるので、自分の気持ちもきちんと話せます。

ときには、理不尽な理由で怒られてムカッとすることもあるでしょう。そこで感情的になっても実りのない口論になり、人間関係は悪化するばかりです。

そんなときは、相手の話を本気で聞いているふりをしながら、頭の中で「何を言われてもイライラしな～い」と呟くか、好きな歌をうたうといいでしょう。僕も、感情的になりそうなときにやっています。負の感情が、体の中からすーっと抜けていくように感じますよ。ただし、呟くのも歌うのも頭の中だけです。口に出したら大変なことになります。

言葉の行き違いから妻と険悪な空気になったとき、怒りスイッチを押しそうな自分を落ち着かせるために僕がよくやるのは、呼吸法です。やり方は簡単で、**とにかく「フゥーッ」と息を吐くだけ**。自分の中にあるイヤなものを息と一緒に全部吐き出すとともに、相手の言葉が自分の中に入ってこないように、完全にバリアを張るわけです。

でも、妻の話を聞いているポーズはしていないといけないので、「うん、うん」と答えながら、内心では「何があっても動じません」と念じています。これは僕にとって特効薬。みなさんも、誰かと口論になりそうなときに試してみてください。

この呼吸法は、息を吐くとき相手にわからないようにするのが鉄則ですが、僕が妻に対して本気で〝倍返ししてやろう状態〟になったときには、目の前でわざと大きく「フゥーッ」と息を吐き出し、「聞いてません」という空気をあからさまに出します。もちろん妻は、「なに、それっ！　その態度！」と逆上します。そうなると僕はますます意地悪になり、倍返しどころか十倍返しをしてしまうこともあります。妻なら受け止めてくれる、という甘えかもしれませんね。

最近よくやっているのは、心の中で「思いやり」と言うことです。この言葉は、2020年東京オリンピック・パラリンピック開催が決まって以来、意識するようになりました。まず相手を尊重するのが日本人の美点なので、妻とぶつかりそうになったら心の中で「思いやり」と言おうと考えたのです。

面白いことに、それから夫婦喧嘩が少なくなりました。「思いやり」と呟くことで僕の気持ちが穏やかになり、それが妻にも伝わるからかもしれません。

もちろん、絶対に声には出しません。聞こえよがしに「お・も・い・や・り」なんて言ったら、「それ、どういうこと!?」と喧嘩になってしまいそうなので。

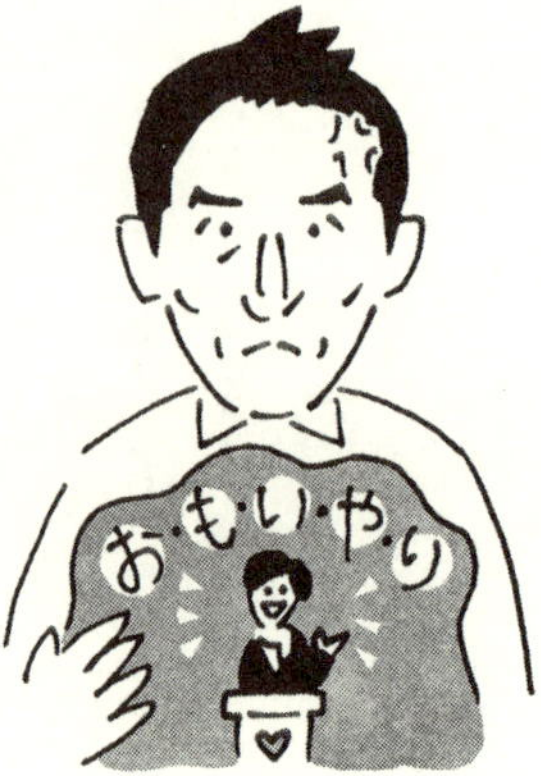

反論したくなったら
「お・も・い・や・り」でこらえる

50

商談トークは負けられない試合と思え！

「結論ファースト」で攻める

テニスの試合は情報心理戦です。自分側の情報は絶対に対戦相手に渡さず、相手の情報は性格、表情、話し方、立ち居振る舞い、嗜好《しこう》にいたるまでできるだけ多くつかみ、それを分析し、どんな気質の選手なのかプロファイリングしたうえで相手のプレーを予測します。

短気な選手だとわかれば、あえてプレーの間を長く取って苛立《いらだ》ちをあおり、気が弱そうな選手だったら、威圧感たっぷりに振る舞う。とにかく、向こうがイヤがることばかり狙って攻めていきます。フェアプレー精神にのっとったうえで、ずる賢く相手を騙していくわけです。

その感覚は、ビジネストークもまったく同じだと思います。騙して人を陥《おとしい》れるということではなく、最終的に自分が勝つような**戦略的な準備と喋り**が必要、という意味です。

企画会議や商談などで自分の意見を通したい場合、準備段階の戦略で第一のポイントになるのは、**誰がキーパーソンなのかを知る**ことです。さまざまな部署や会合に出入りして、決定権を持っている人や大きな影響力を持つ人を探しましょう。

キーパーソンの考え方や性格を把握しておく必要もあります。理念重視の人なのか、利益を最優先する人なのか、「これしかない！」と熱く語られることが好きなのか嫌いなのかなどによって、説得のしかたも違ってくるからです。

僕は交渉相手の性格をかなり探るほうですが、それでも今までに何度も失敗し、「相手サイドの雰囲気を掴みきれずに交渉に臨んでも、賛同を得られるわけがない」ということが、よーくわかりました。

ターゲットを定めたら、話の展開を徹底的に考えます。交渉事では話す順番が特に大事だと僕は思うので、**言いたいことを紙に書きまくって、どの話をどこにもってくるかをとことん考えます**。基本は、**結論ファースト**です。相手は、こちらの話の最大のポイントは何かを知りたいはずなので、「私はこう思います」と結論を先に言い、そのあとに「理由は二つあります。一つ目は〜、二つ目は〜」と理由を述べていくわけです。

欧米では、小さい頃から「意見をはっきり表明しなさい」という教育をされるので、話すときには結論ファーストが鉄則とされています。ただ、このやり方は日本人の感性にはストレートすぎて合わないこともあるので、ＴＰＯで判断すべきでしょう。

会議中にいきなり指名されてもいいように、「こういう意見が出てきたら自分はどう思うか？　違う側面からどういう提案ができるか？」を整理しておくことも大事です。その意味で、テレビを観ているときや本を読んでいるときに、

「自分はどう思うか、このアイデアはこういう場面で使えないかな」と考える習慣をつけることは非常に役に立ちます。

いちばんつまらないのは、「Aさんの提案はすごいと思いました」「よかったです」といった答えです。これは意見ではなく、単なる感想でしかありません。

51

「言うぞ言うぞ言うぞ」はストップ！前のめり状態は100パーセント失敗する

相手の話は必ず最後まで聞く

交渉事では、自分の意見をぜひ通したいと熱意を持つことが大切ですが、その思いが強すぎるとマイナスになることがあります。人間というのは、「絶対にこうあるべきだ」と思っていると言い方が攻撃的になり、考え方が自己中心的になってしまうからです。

僕の経験では、「言うぞ言うぞ言うぞ」と気持ちが前のめりになっているときほど、賛同を得られずに失敗します。別の言い方をすれば、先にリードしようとするとボロが出やすい。

なぜなら相手は、「そんな手があったのか！」と思うような提案を、こちらより多く持っている可能性があるからです。そういう失敗を避けるために、**先に相手に発言してもらう**という方法もあります。相手にカードを出させて、それに合わせていくわけです。

その場合の最重要ポイントは、相手の話を最後まで聞くことです。ことに双方が熱くなっているときは、あなたが相手の話を聞き終えない限り、相手もあなたの話を聞く態勢にはなりません。

まず思いのたけを全部話してもらえば、相手は「言いたいことは言った」と満足するので気持ちが落ち着き、あなたの話にもきちんと耳を傾けようとします。そこで初めて、まともな議論ができるわけです。

「彼は人の話にきちんと耳を傾ける人だね」とみんなから思われて、損をすることは一つもありません。

相手の話を最後まで聞いたら、その意見に賛成なのか反対なのか、なぜそう思うのかをはっきり言います。結論ファーストの要領で言えば、誰にとっても聞きやすくなります。

反論する場合は、

「それも一つの考えだと思います。ただ、僕はこの部分に関しては賛成できません。なぜなら〜」

と問題点を整理しながら話せば、漫然とした言い合いにはならないはずです。

賛成の場合も反対の場合も、相手が意見を述べたあとに「ありがとうございます」まで言えれば、なおいいでしょう。

国際的な会議や記者会見の場では、相手の意見・質問・指摘などに対して答えるとき、

「○○さん、貴重なご意見（ご質問、ご指摘）ありがとうございます。あなたのおっしゃることも、ごもっともです」

などと受け答えする場面をよく見かけます。

たとえそのあと反論するにしても、相手の発言に感謝し、その内容をいったんは肯定することによって、「あなたの発言の趣旨はちゃんと理解しました」という安心感を相手に与えることができます。

こうした受け答えは日本ではあまり見かけませんが、傍《はた》から見ていても気持ちの良いものなので、僕も見習おうと心掛けています。

52

面接で活きる「決断力」の磨き方

メニューを開いたら5秒で決める

テニスの試合は、相手に勝てばOKです。審判から「そのボールの打ち方はおかしい」と指摘されて勝敗が左右されることはありません。一方、面接は人が評価します。その評価を自分がコントロールすることはできません。

面接で最も大事なのは、「自分の話」をすることです。入社試験の面接であれば、「御社で頑張って仕事をして、世の中に貢献したいです。みんなを幸せにできる会社にしたいです」というところまでは、どの受験者も言うでしょう。

肝心なのは、「そのために自分はどういうことができるか、何をどう頑張るのか」を具体的に伝えること。それがなければ「自分の話」にはなりません。

まず、「自分はなぜこの会社に入りたいのか」を紙に書き出してみましょう。本や雑誌で見たようなことではいけません。しっかりと自分に向き合って書いてください。

次に、書き出した志望理由をどんなふうに伝えれば面接官にわかってもらえるかを考えながら一つの話としてまとめ、実際の面接試験の状況をイメージしながら、口に出して練習しましょう。見るからに怖そうな面接官、優しそうに見えて本当は意地悪な面接官など、いろいろなタイプの面接官を想定して練習しておけば、本番であわてなくてすみます。

本番では、緊張を隠せるならそれにこしたことはありませんが、足が震える、歯の根が合わないなどの身体的な反応は隠せません。面接官も、それで不合格にしようとは思わないはずなので、「一所懸命になれば震えて当たり前！」とポジティブに捉えましょう。

ただ、緊張して声が小さくなるのはマイナスです。テニスでは、練習中にできたことが試合で80パーセントできれば素晴らしいと言われます。つまり、練習では最低でも120パーセント以上のことやらないと、本番で力を発揮できないわけです。面接も同じで、「大きすぎるかな？」と思うくらい大きな声を出して練習するほうがいい。本番で緊張するぶんを差し引けば、それで普通になります。

本番では、「こういう問題が起きたとき、あなたなら、どう対処しますか？」といった難しい質問もされるかもしれません。なかなか答えが出てこないと、「決断力がない」と判断されてしまう可能性もあります。

そういうことがないように、日常生活で誰にでもできる**決断力養成トレーニング**を紹介します。じつは僕も現役時代に、「決断力のなさがテニスに出ている」とメンタルトレーニングの先生に言われていたんです。その先生から教わった方法です。

やり方は簡単。**レストランのメニューを開いたら、5秒以内に食べたいもの**

を決める。たったこれだけです。

僕は初めのうち、「5・4・3・2・1、えいっ！」という感じで注文したあと、すぐに「あっ、こっちのほうがよかった！」と後悔してばかりでした。でも、そんな繰り返しを半年ほど続けると、「これっ！」と決めるまでがとても早くなり、決めたことに関して後悔もしなくなりました。メニューを開けた瞬間、ものすごい目つきで注文するので、お店の人は笑っていましたが……。

ファミレスやファストフード店でできるので、ぜひやってみてください。何度も練習していると、「自分の考えはこれだ！」という言葉がパッと出てくるようになりますよ。

53 家族ともっと話そう

「会話って、いいものだな」と実感できる

子供の頃から、僕は家族との会話を楽しむ環境に恵まれていました。

松岡家は両親と姉、兄、僕の5人家族。食事中の会話が途切れたことはなく、今日は何があったのか、今何に興味があるのかなど、2、3時間話し続けることもよくありました。

高校時代に初恋をしたときも、家族にすべて話していました。初デートのときは家族みんなが僕を待っていて、帰ってきた途端に「感想は?」「どんな話をしてきたの?」と質問攻め。当時の僕は意識していませんでしたが、3人の子供の父親になった今、何でも話せる雰囲気を両親がつくってくれていたことに感謝しています。それにひきかえ今の自分はどうだろうと、反省することも多いのですが……。

自分の話をちゃんと聞いてもらえる嬉しさや、家族と話題を共有できる楽しさの中で、僕は「会話って、いいものだな」と自然と思うようになりました。今も両親や姉、兄との会話が楽しくてしかたありません。

家族のあり方はさまざまなので、これがベストだと言うつもりはありません。ただ、心が折れそうになったとき、家族のサポートは最強だと思います。僕も、テニスを続ける中でさまざまな困難にぶつかりました。そんなとき、家族にならどんなことでも打ち明けられることが支えになり、「何があっても家族は俺のことを信じてくれる。いつでも応援してくれる」と感じることが、「俺ならできるはずだ！」という自信につながりました。

今のあなたは、「悩みなんか話しても、家族はわかってくれない」と思っているかもしれません。

でも、おじいちゃん、おばあちゃん、お父さん、お母さん、お兄さん、お姉さんというのは、**いちばん身近な人生の先輩です**。話してみれば、多くのことを気付かせてくれるはずです。弟や妹も、ある程度の年齢になれば、あなたとは違った視点から何かヒントになることを言ってくれるかもしれません。

何より、家族となら、会社と違って素のままの自分で話せます。きっと会話の楽しさや面白さを再確認できますよ。

心をぶつければ、
自分も相手も変わる

わかりあう

CHAPTER.5

UNDERSTAND

54

伝え方しだいで人の心を動かせる、行動を変えられる

まずは自分が変わる

僕は、世界をめざすジュニアの合宿のほかに、全国各地で開かれるテニスクリニックなどで子供たちにテニスの指導をしています。子供たちのレベルは、初心者から数年の経験者までさまざまです。ある日の指導の様子を再現してみましょう。

まず僕は、「きみたちの夢は何だ?」と聞きます。「ウィンブルドンで優勝することです」「もっとうまくなりたいです」などと、子供たちは口々に答えま

す。けれど僕は、「みんなを見る限り、この子はテニスに対して本気だなっていう子は、一人もいない」と、一刀両断。「まずは、きみたちがどれぐらいのレベルにいるかだけ見るから」と言って打ち込みをしてもらい、しばらくその様子を見たあと、こう問いかけます。

「きみたちに任せます。初心者のように楽しみながらテニスを教わりたいか、本気でうまくなりたいか。どっちを取る？　楽しくもできるぞ」

子供たちは「本気でやりたいです」と答えます。「そうか。たぶん帰される子も出てくるよ。どうする？」と重ねて聞くと、やはり「本気でやりたいです」。そこで僕は言います。

「だったら、ラケットの持ち方を変えてごらん。絶対にラケットの頭を上に向けて持っておけ。何があっても下に向けない。うまいヘタなんか絶対に僕は問わない。大事なのは姿勢だ」

じつは、僕が最初の打ち込みで見ていたのは、子供たちのレベルだけではありません。ラケットの持ち方と、打ったあと次の順番がくるのを待っているときの姿勢です。ほとんどの子はラケットを下向きに持ち、順番がくるまで緊張感なく立っていました。

「打ったあと、ラケットを下に向けてボケーっと突っ立ているやつが、『ウィンブルドンに行きたい』って言えるのか？」

子供たちは何も言えません。その中の一人に、「きみは何か悪いことをしたのか？」と聞きます。もちろん、その子は「ううん」と首を横に振ります。

「悪いことをしてないんだったら、胸を張って堂々としてろ」

子供たちの表情はこわばっています。でも、僕はけっして怒っているのではありません。

何より大切なのは、テニスへの向き合い方。僕はまず、それを徹底的に教えているんです。その間は、あえて笑顔を見せません。真剣にきみたちに向き合っているんだということを、心で感じてもらいたいからです。

ふたたび打ち込みを始めたら、「ラケット上！」と言い続けます。「僕は、違ってるものは直るまで何度でも言う。変えるのはきみたちだぞ」と、いっさい妥協しません。子供たちはずっと緊張した表情でボールを打っています。

こうして打ち込みをしばらく続けたのち、ちょっと怖い顔をして5秒くらい間《ま》をとったあと、「あれっ⁉」と一人の子を指さし、とてつもなく明るい調子で「ナイスショットォー！」と声をかけると、ようやく笑顔が出てきます。「うまいっ！」「拍手をお願いします」と声をかけるうちに、フットワークも軽快になっていきます。

やがて子供たちに変化が現れます。ラケットヘッドを下に向けている子は誰もいなくなり、順番を待つ間や僕の話を聞くときは背筋がピシッと伸び、顔つきも真剣になっていているんです。

僕が最初に厳しく接するのは、子供たちの集中力を高めたいからです。そのために、あえて少し怖い雰囲気を出して子供たちの意識をグッと引きつけて、イヤでも集中する雰囲気をつくるわけです。その中で、ポロっと面白いことを言ったり、技術のことを言ったりすると、子供たちの心にグーッと入っていきます。

初めに緊張感をつくり、そのあと相手をリラックスさせて自分の思いを伝えるという方法は、みなさんも応用できると思います。

人の心を変えることは容易ではありません。そのために悩む人もいるでしょう。たとえば、上司との関係がうまくいかないため仕事が楽しくない、という話をよく聞きます。そんなときは誰でも、「上司がもう少し寛大だったら……」「私の提案に上司がしっかり耳を傾けてくれれば……」と、相手が変わればうまくいくと考えがちです。

でも、**相手に変わってほしいと思うなら、まず自分が変わる**ことです。今までの自分の話し方、表情、大事なことを伝えるタイミングなどを見直し、どうすればちゃんと聞いてもらえるかを考えてみるといいでしょう。

最後のこの章では、コミュニケーションの中で最も難しいテーマと言える「感情のやりとり」について述べていきます。

叱る・ほめる・励ます・断る・感謝するなど、さまざまな場面で感情のやりとりがうまくいけば、今よりもっと多くの人とわかりあえるはず――。そんな僕自身の期待も込めて、より良いコミュニケーションのとり方を、みなさんと一緒に考えていきたいと思います。

メリハリをつけて感情を伝える

1 怖い顔をしながら指さし、5秒沈黙

2 とてつもなく明るく声をかける

55

山登りは苦しいだろ？　試練だよな。でも、登り切った先には素晴らしい景色が開けてる。それを想像してみろよ！

苦手な人と向き合う

苦手な人と話しているとき、「この空気、イヤだな」という感覚は変えようがありません。

だったら、とことん試練だと考えてしまいましょう。ここを乗り越えれば、必ず良い展開が待っているはず。登山と同じです。**登り切った先の美しい眺めをイメージ**すれば、険《けわ》しい山道にも喜びを感じることができます。

苦しいな、イヤだなという状況を、「脳が喜んでいる」と解釈することもできます。

脳科学者の茂木健一郎先生からうかがったのですが、脳は苦しんで何かを達成するたびに喜んで強くなるそうです。本を読むときでも、「難しくてわかんないよ」と思うときが、脳が最も喜んでいる状態なんだと知ってから、僕は意識して難しそうな本を読むようになりました。新聞も、昔だったら「わけわかんねえ」と途中で投げ出していた難しい社説を、**「今、俺の脳はむちゃくちゃ喜んでる。もう喜んで喜んで、しょうがないんだなあ！」**と思うようにして読むようにしたら、不思議と自然に頭に入ってくるようになりました。

これを苦手な人と話すときに応用するわけです。つらいときに無理をしてでも笑うようにすると、心の状態が良い方向に変わるのと同じように、「今、俺の脳はブルブル震えるくらい喜んでるぞ！」とイメージするだけでも、その場の雰囲気の受け止め方はだいぶ変わってくるのではないかと思います。

仕事で苦手な人を説得しなければならない場合もあります。相手に決定権があるのなら、気まずくても自分の思いをすべて話し、とにかくハンコを押してもらう以外にありません。

ただ、イヤだという気持ちが強いと、どうしても言い方がきつくなりがちです。そんなときは、疑問形の言い方にするといいでしょう。たとえば、「私はこう思います！」ではなく、「私はこう思うのですが、○○さんはどう思われますか？」というように。

何かを頼むときにも、「これをしてください、お願いします！」では、相手に考える余地を与えない一方的な話し方になってしまいます。**「僕はこうしたいのですが、可能でしょうか？」と相手に選択をゆだねる**形にすれば、「しょうがないな、やってあげようか」という気持ちになってくれるかもしれません。ダメな場合でも、相手の気持ちを楽にしてあげることになるので、居たたまれないほど気まずい空気にはならないでしょう。

疑問形で話しかけても答えてくれないケースは、まずないと思います。もし答えてくれないとしたら、相手もその場の空気をかなりイヤがっていると考えるほうがいいでしょう。場合によっては、そこでいったん話を打ち切って、後日、仕切り直しをするほうがいいかもしれません。いずれにしろ、「どうせわかってくれないや」とあきらめないことが肝心です。

相手のことを嫌いだっていいんです。でも、その人にOKをもらわない限り自分のやりたいことができないのなら、話している間だけは相手に気に入ってもらわなければいけないし、自分も相手のことを好きになるしかありません。腹を立てたり投げたりしたら、100パーセント自分の意見は通らなくなってしまうのですから。

最悪なのは逃げグセをつけてしまうことです。

一度逃げて楽な思いをすると、また同じような状況になったとき、さらに楽なほうへ、楽なほうへと、どんどん逃げてしまうのが人間というもの。けれど、苦手な人と仕事をする場合、一度は逃げることができても、必ずまたその人と話さなければならないときがやってきます。

一度逃げると、自分の中にある嫌悪感が増幅されて、次に「イヤだな」と感じる度合いがもっと大きくなってしまいます。だったら、最初に逃げずに相手としっかり向き合うほうがいいですよね。イヤな時間というのは、そのときは長く感じるかもしれませんが、終わってしまえば意外となんともなかった、ということが多いものです。

56

落ち込んでいる人と気持ちを同化させると「マイナス空気の二乗」になってしまう

モヤモヤを吐き出させてあげる

就職に失敗した、彼女にふられた、大事な試合に負けた。人が落ち込む理由はさまざまです。落ち込んでいる友達に、どう話しかけていいかわからなくなることもあるでしょう。

そんなときは、相手が何をしてもらいたいのかを察してあげることが大事です。一緒に泣いてほしいのか、話を聞いてほしいのか、励ましてもらいたいのか……。いずれにせよ、落ち込んだ姿を人に見せるのは、前に進んで行きたい気持ちがあるからでしょう。だから僕は、**相手の気持ちに同化しない**ようにしています。自分も一緒になって落ち込んだら「マイナス空気の二乗」になって、前に進んで行けないだろうと思うからです。

前に進んで行くには、**とにかく相手の話を聞いてあげる**のがいちばんです。

初めのうちは、「俺なんて何をやってもダメだ」「彼の裏切りが許せない」「いっつも大事な試合に負けるんだよ」などと、ネガティブポイントが次々と出てきます。それにどう返すかは、相手の性格によっても違ってきます。「そんなことないよ」「捉え方はいろいろあるよ」と返してあげたほうがいい人もいれば、何も言葉をはさまずに、ただ「うん、うん」と話を聞いてあげるだけのほうがいい人もいます。

自分の中の苦しさ、悔しさ、モヤモヤを一気に吐き出してしまうと、「ああ、だいぶすっきりした」という感覚になり、やがて、「俺はどうしてもあの会社に入りたかった」「私、彼と結婚したかった」「勝てない自分が歯がゆい」といった本音が出てきます。

そして、「あのとき、こうしていたらよかった。なぜしなかったんだろう」と、自分を顧《かえり》みる言葉が出てきます。それが出てくれば、こちらから「じゃあ、次はこうしていけばいいいんじゃないかな」「あなたにはこういう良さがあるんだから、そこを伸ばしていこうよ」と、プラスの方向に持っていくことができます。たいていは、これで前に進んで行けます。

僕自身は、試合に負けたときにはあまり人に話さないようにしていました。人に話すと、どうして負けたのかという反省をしなくなってしまうように思えたからです。たまに人に話しても、自分に対する怒りが湧いてくるだけでした。

僕のほうが聞き手のときには、「今からでも練習に行こうよ」と、前向きな気持ちに持っていけるよう努力しています。試合に負けて泣いているジュニアに対しては、必ずそうします。

「お前、なに泣いてんだよ」とは絶対に言いません。落ち込んでいる子の気持ちを感じることが、大事だと思っています。

57

キンコンカンコーン！「よくできました！」はのど自慢合格の鐘で打ち鳴らそう

具体的なピンポイントで褒める

人を褒めるときのポイントは、「あなたのここが素晴らしい」と具体的に言うことです。「あなたの提案書はとてもよかった。特にこのポイントは誰も指摘しなかったこと。こんなユニークな発想は、あなたにしかできない」「あんなハードな仕事を、よく短期間でやり遂げたね。今まできみがコツコツ努力してきたのを僕は知ってるよ。その成果が一気に出たんだね」

というように、その人の優れた点をどんどん挙げて、言葉で伝えるのです。

何かを一所懸命やったとき、「よくできました！」の鐘がカーンと一つ鳴るのと、キンコンカンコーンと乱打されるのでは、明らかに後者のほうが気持ちいいですよね。特に子供の場合は、自信を持たせるために褒めるわけですから、**僕は常にキンコンカンコーン**です。

でも、キンコンカンコーンが嫌いな子もいます。たとえば、僕の下の娘は何かができるようになったとき、「すっげー、やったな！」と拍手されるのが嫌い。恥ずかしいのかもしれません。そうやって褒めようとすると、「やめて」とわざわざ止めにくるほどです。「よかったね」と、ひとこと言ってもらうのがいちばん嬉しいようです。

ほめるときは「合格の鐘」を鳴らす

個人差はありますが、誰でも人に褒められれば嬉しいので、そういう機会は多いほうがいいと思います。

ただ、何でもかんでも褒めればいいというものではありません。最近の会社では、とにかく新人のうちから褒め倒して、やる気を出させる指導法が多くなっていると聞きます。それもある程度の効果はあるのでしょうが、まだ仕事を完全にこなせないうちから何を褒めるのかな、と疑問を感じることもあります。

安易な褒め言葉に慣れてしまうと、自分の力を過信してしまうこともあります。その結果、仕事で判断を誤ったり、誰にも相談せずに問題を解決しようとして自分を追い込んでしまうのでは、その人のためにも会社のためにもならないのではないでしょうか。

また、「褒めるときは人格を褒め、叱るときは行動を叱るといい」と言われますが、それはあくまでも一般論でしょう。一つの参考にはなりますが、僕自身は、相手の心の中にどんどん入って一般論ではないことをするほうが、よりインパクトがあると思っています。

58

「あのときの修造さんは本当に怖かった」圭はそう言って感謝してくれました

勇気をもって叱る

錦織圭《にしこりけい》選手は、トップジュニアキャンプの二期生で、11歳のときから3年間、合宿に参加していました。彼はとても内気な子でした。テニスに関しては頑固なくらいに自分を持っているのですが、それを人前で表現する力が不足していました。そこは厳しく追い詰めましたが、相対的に言えば、叱るよりも褒めるほうが多かったと思います。というよりも、技術的には褒める以外にないほど、ジュニアの頃から圭のテニスは素晴らしかったんです。

圭にいちばん本気をぶつけたときのことはよく覚えています。18歳以下の国際大会のダブルスの試合に、当時12歳だった圭を出場させたときのことです。世界で活躍するハイティーンの選手たちと小学生を戦わせるなんて、本来はありえないことですが、経験を積ませるために推薦枠をもらってあえて出場させました。結果は、1ゲームも取れずに敗退。それは初めからわかっていたことで、まったく問題ありません。僕を激怒させたのは試合内容でした。

試合前のミーティングでは、「背の高さが違うとか、相手が外国人だからとかで萎縮《いしゅく》しない。心の中で無理だと降参しない」と約束していたのに、本番では相手に完全に呑まれて声も出ず、結果が見えた時点で、圭は自分から試合を諦めてしまったんです。

僕は会場のど真ん中で、体がはちきれるんじゃないかというくらいの大声で圭たちを怒鳴りつけました。

「おめえらは今、何やってきた！　最後の最後まで全力を出し尽くしたのか！

ポイントも取れずに相手にヘラヘラ遊ばれて。悔しくねえのかっ‼」

というようなことを言ったと思います。

圭たちが心の中で思っていること、いちばん言われたくないことを、あえて言葉にしてグサッと投げつけた感じでした。

圭は大泣きしていました。でも、このとき気付いたことが、彼が海外に出て行ってから、「どんなに背が高い相手だろうが関係ない。自分がベストを尽くすだけなんだ」という姿勢につながっていきました。のちに圭は、**「あのときの修造さんは本当に怖かった。でも、僕が変わった瞬間でした」**と言ってくれました。

今、叱ることができない親や上司が多いと言われます。

その根底にあるのは、「嫌われたくない」という気持ちだと思います。そういう気持ちは僕にもあります。でも、**正しくないことを叱らないのが、相手にとっていいことなのだろうか**、と思います。

間違っていると思ったら、僕は何度でも何度でも言い続けます。「他の人が言うのをやめても、俺は永遠に言うぞ」と、ジュニアの選手たちに言っています。自分の子供に対しても同じです。お箸《はし》の持ち方や姿勢は言ってもなかなか直らないものですが、違っていれば「お箸！　姿勢！」と言い続けるしかありません。

叱るときの絶対条件にしているのは、自分の気持ちをコントロールしつつ、本気で叱ることです。

冷静にその場を見つめ、感情的にはなりません。心の中で2回くらい、「お前はどうしてそこであきらめるんだ」と言ってみて、これで大丈夫だなと確認したうえで口に出しています。ほんの1秒くらいの間にやっているイメージングです。どうしても叱らなければいけないときは、前の晩からどうやって叱るのか考え、紙に書いておくこともあります。

伝え方はいろいろと変えていますが、間違っていることに関して「まあ、いいや」とは思えないんです。

59

失敗しても諦めない。弱気なことも言わない。真央さんの笑顔はたくさんの「FEEL」を届けてくれました

ポジティブな言葉が強さをくれる

2014年のソチ冬季オリンピックで、最もインパクトのあった選手は誰かと聞かれたら、大多数の日本人が「浅田真央《まお》さん」と答えるのではないでしょうか。

もちろん、すべての選手が全力を尽くして戦い、印象に残る試合や演技はたくさんあります。でも、真央さんは6位という成績にもかかわらず、メダル以上の大きな「何か」を僕たちの心に届けてくれました。

フィギュアスケート女子SP（ショートプログラム）が行われた2月19日。朝の練習では、僕が見る限り真央さんの調子はとてもよく、トリプルアクセルもしっかり跳んでいました。周囲も、「これはいける」と感じていたと思います。ところが結果は、ミスを連発しての16位。誰もが予想もしなかったことでした。それまでの彼女の競技人生で最悪の演技、しかも、いちばん大事なオリンピックの舞台で……。

SP終了時、トップのキム・ヨナ選手との得点差は20点近くもありました。フリーでどんなに頑張っても、メダル獲得は絶望的。あれだけ金メダルを期待されていたのに……。

ほとんどのアスリートは、そこで集中力が切れ、ゼロ・モチベーションになってしまいます。気持ちを切り替えるのは不可能に近いでしょう。期待を裏切ってしまった罪悪感に押しつぶされ、周りの人がみんな敵のように見えるかもしれません。

おそらく、真央さんの心の中にも、それと似た気持ちが少しはあったはずです。

ＳＰ終了後のインタビューで真央さんは、「自分でも、終わってみて……まだ何もわからないです」と、声を絞り出すように答えていました。それが正直な言葉だったのでしょう。

ただ、そこでとどまってくれたことがすごく大きかった。もしもこのとき、「メダルはなくなりました。もう私はダメです」といった言葉が出ていたら、たぶん彼女は本当にダメになっていたと思います。でも、インタビューの最後に、彼女はこう言ったのです。

「明日は明日で、自分のやるべきことをしたいです」

それまで真央さんは、「６種類すべてのジャンプを跳んで、自分にしかできないパフォーマンスをしたい」と言い続けてきました。その目標に挑戦するチャンスは、まだ翌日のフリーに残されています。とにかく自分が決めた目標に向かって、やれるだけのことをやってみようと、自分に言い聞かせることができたのでしょう。

ああいう厳しい状況の中でも、真央さんは**「自分」が主体**だったのです。

翌2月20日。ガラリと変わった真央さんがそこにはいました。

真央さんは冒頭のトリプルアクセルをきれいに決め、他のジャンプもほぼ完璧でした。結果は、自己最高の142・71点をマークし、SPとの合計点で10人ゴボウ抜きの6位入賞。

ただ、世界トップレベルの真央さんにとって6位というのは、普通に考えれば「あってはならない結果」です。にもかかわらず日本中が感動し、メダルを逃したことを責める人は誰もいなかった。これがスポーツの良さでしょう。

涙をこぼしながら観衆の声援に笑顔で応える真央さんの姿を見て、「SPのあとのインタビューでの言葉は、やはり大事だったんだ」と僕は思いました。

フリーの演技のあとのインタビューでも、「私なりの恩返しができました」というポジティブな言葉が出てきました。彼女の表情には、「やりきった感」が溢《あふ》れていました。だからこそ、僕らもそれに共鳴して心を動かされたのだと思います。日本人だけでなく世界の人たちが、これだけ感情移入できる選手というのは、なかなかいません。

もしも「メダルを逃してすみません」「自分の力が出せなくて残念です」といったネガティブな言葉が出ていたら、僕らの感じ方はかなり変わっていたのではないでしょうか。

前回のバンクバー五輪では銀メダルを獲りながら、真央さんは「演技に悔いが残った」とくやし涙を流しましたが、メダルを逃したソチ五輪では、「嬉し涙でした」と語ってくれました。

フリーで自分の演技をやりとげた達成感と満足感、スタッフや家族やファンへ恩返しができたという安堵感《あんどかん》、そういうものがすべて入った嬉し涙だったのでしょう。

失敗しても諦めちゃいけない。弱気なことを言っちゃいけない。今、自分ができることにベストを尽くしてみよう。それができたときは、支えてくれた人たちに感謝して、思いっきり嬉し涙を流そう。単に「勝つ」ことだけが大事なわけじゃないんだ——。

ソチオリンピックでの真央さんは、僕たちにいろいろなことを感じさせてくれました。**メダル以上の大きな「何か」とは、こうしたたくさんのFeel**です。

この本の最初に書いたように、コミュニケーションでは「Feel＝感じる心」が大切。それに尽きる、といっても過言ではありません。

僕は、そのことを真央さんから改めて教えられたような気がしています。

60

この世界は、「ありがとう」でできている

だから、コミュニケーションは楽しい

「ありがとう」は、ネガティブ思考を消す魔法の言葉です。

「お前の意見はいつも面白くないんだよ」と言われたら、「ありがとう。きみの指摘で気づかなかったことがわかったよ」。

「少しは仕事のしかたを変えたら？」と言われたら、「ありがとう。私が良くなるきっかけをくれて」――。

辛辣《しんらつ》な意見を言われて自分を全否定されたように感じるときでも、「ありが

とう」の気持ちで受け止めれば、何かしらプラスになるものを見つけられます。落ち込まずに、前へ進んで行けます。

「ありがとう」は、人間関係を豊かにし、人生を良い方向へと導いてくれる言葉だと思うので、僕は人から何か言われるたびに、「ありがとう、ありがとう」と心の中で言うようにしています。

声に出して伝えるときには、心を込めて最後まではっきりと、「ありがとう」「ありがとうございます」と言うようにしています。いいかげんに省略して「あざーっす」「あした」と言うのとでは、感謝の気持ちの伝わり方がぜんぜん違います。そもそも、「あざーっす」や「あした」は言葉ではないと思います。

「ありがとう」の代わりに「すみません」と言う人もいますが、思いの伝わり方はだいぶ違うのではないでしょうか。本来、この言葉は依頼や謝罪のときに使うものです。辞書を調べると、「すみません」は「すまない」の丁寧語で、もともとの意味は「このままでは終わらない」。そこから、相手に対して悪いことをして自分の気持ちがこのままでは収まらない、というときに使われるようになったそうです。感謝の気持ちを伝えるなら、やっぱり「ありがとう」だろうな、と僕は思います。

雪の降る寒い時期に、「くいしん坊！ 万才」のロケで北陸地方のある町を訪ねたときのことです。

一人暮らしをしているおばあちゃんのお宅で、塩漬けにしたサバを使った料理を出してくれました。雪が積もると買い物もままならないので、昔から、寒冷地の冬の食事は保存食を使ったものが多いのです。

「おばあちゃん、このサバはかなり塩がきいてますすね」

「きっと体に必要なんだろうね。昔の人の智恵だと思うよ」

こういう話をしていると、日本という国がよくわかります。しんしんと降り積もる雪の中で、春の訪れを心待ちにしながら仕事や家事に精を出し、日本を支えている人たちがいるのです。

そういう方々はとても温かくて、自分よりも人のことを思いやっています。

このおばあちゃんも、**「もっと不便なところで暮らしている人もいるんだから、私なんか本当に恵まれてるんですよ」**という話ばかりでした。雪国の一人暮らしには不便なことも多いはずなのに、「ありがたい」「ありがとう」という言葉が常に出てくるのです。

もしも自分が雪深い町に一人で暮らし、毎日のようにサバの塩漬けを食べていたら、まったく逆の捉え方をするだろう。「ありがとう」なんて絶対に言えないだろう——。

僕は、自分の不遜《ふそん》さと弱さに改めて気付かされた思いでした。

「ありがとう」を伝えるのは、素晴らしいこと。

「ありがとう」を感じるのは、幸せなこと。

さまざまな人とコミュニケーションを広げることで、もっとたくさんの「ありがとう」を感じられる自分になりたいと、僕は思っています。

本書は、2014年6月に小社より刊行された同名の単行本を文庫化したものです。

伝わる！ 修造トーク【文庫版】
一瞬で心をつかむ「話し方」60のルール

2015年12月23日　第1刷発行

著者　松岡修造

発行者　土井尚道

発行所　株式会社 飛鳥新社

〒101-0003
東京都千代田区一ツ橋2-4-3 光文恒産ビル
電話（営業）03-3263-7770
　　（編集）03-3263-7773
http://www.asukashinsha.co.jp

ブックデザイン　細山田光宣、藤井保奈（細山田デザイン事務所）
撮影　藤田二朗
スタイリスト　中原正登（フォーティーン）
ヘアメイク　大和田一美（APREA）
イラスト　鈴木衣津子
編集協力　竹内恵子
制作協力　インターナショナル マネージメント グループ
　　　　　インク 東京支社
印刷・製本　中央精版印刷株式会社

ISBN 978-4-86410-447-0

編集担当　矢島和郎